COACHING GENERATIVO

VOLUMEN 1

El viaje del cambio creativo y sostenible

Robert B. Dilts

Stephen Gilligan

Diseño e ilustraciones de Antonio Meza

EL GRANO Đ MOSTAZA

Título: Coaching Generativo, Volumen I
Subtítulo: El viaje del cambio creativo y sostenible
Autores: Robert Dilts y Stephen Gilligan

Publicado originalmente en inglés con el título: Generative Coaching, Volume I
Copyright © 2021 de Robert Dilts y Stephen Gilligan

Equipo de traducción: Sandra Paola Astún, Humberto Carmona, Miriam Leonor Goldemberg, Joaquín Muchnik, Paula Decia Periscal, María Jesús Sáenz Suso, Leticia Testa

Primera edición en España, abril de 2023
© para la edición en España, El Grano de Mostaza Ediciones

Impreso en España
ISBN PAPEL: 978-84-126297-8-1
ISBN EBOOK: 978-84-126297-9-8
DL: B 4313-2023

El Grano de Mostaza Ediciones, S.L.
Carrer de Balmes 394, principal primera
08022 Barcelona, Spain
www.elgranodemostaza.com

COACHING GENERATIVO

VOLUMEN 1

El viaje del cambio creativo y sostenible

Robert B. Dilts

Stephen Gilligan

Diseño e ilustraciones de Antonio Meza

Índice de contenidos

Índice de contenidos

Nos gustaría dedicar este libro a nuestros respectivos mentores: Milton H. Erickson y Gregory Bateson. Que el espíritu generoso y generativo que ellos despertaron en nosotros continúe viviendo a través de este trabajo.

Milton H. Erickson

Gregory Bateson

Agradecimientos

Nos gustaría agradecer a nuestros patrocinadores de todo el mundo que hayan acogido nuestro trabajo de Coaching Generativo y nos hayan proporcionado una plataforma para compartirlo con muchas otras personas.

Igualmente, queremos agradecer a una gran cantidad de estudiantes su participación y ayuda en el desarrollo de este trabajo, especialmente a aquellos que colaboraron en las demostraciones de los pasos clave del proceso.

También agradecemos a todos los miembros de la Asociación Internacional para el Cambio Generativo que se hayan unido a nosotros para hacer realidad este sueño, incluidos nuestros compañeros profesores, miembros profesionales, miembros asociados y otros participantes de la comunidad de la IAGC que están apasionados por el proyecto.

Queremos expresar nuestro agradecimiento a Nick LeForce, cuyos poemas abren cinco de los capítulos de este libro. Sus inspiradores versos dan voz a gran parte de la esencia del Cambio Generativo.

Enviamos un agradecimiento especial a Susanne Kessler, quien revisó estas páginas y encarnó maravillosamente el papel de una crítica constructiva.

Estamos particularmente agradecidos a nuestro ilustrador Antonio Meza, que ha realizado las increíbles ilustraciones de este libro. Los dibujos de Antonio representan verdaderamente el espíritu del Cambio Generativo y dan vida al libro de maneras que nuestras palabras no podrían lograr.

Capítulo 1

Visión general del Cambio Generativo

Antecedentes y comienzos

Las semillas de lo que llamamos Cambio Generativo se sembraron hace más de 40 años, cuando nosotros dos nos conocimos en la Universidad de California, en Santa Cruz (UCSC), a mediados de la década de 1970. Ambos fuimos estudiantes de John Grinder y Richard Bandler, los cofundadores de la Programación Neurolingüística (PNL). También fuimos estudiantes de Gregory Bateson, que en ese tiempo era profesor de UCSC, y de Milton Erickson, el hipnoterapeuta de renombre mundial. Estos maestros fueron influencias importantes tanto para los cimientos de nuestro trabajo de Cambio Generativo como para ambos en lo personal.

Otra de las cosas que compartimos es que los dos somos mitad irlandeses. Gilligan, por parte de padre. Dilts, por parte de madre, cuyo apellido era Garigan. Entonces, somos Garigan y Gilligan. Nos gusta decir, con un brillo irlandés en los ojos, que el Cambio Generativo tiene un padre irlandés y una madre irlandesa.

Además, ambos estudiamos en escuelas secundarias católicas solamente para muchachos en el área de la Bahía de San Francisco, a finales de la década de 1960 y principios de 1970: una época socialmente muy generativa.

Entonces, aunque compartimos muchas cosas, somos muy diferentes en múltiples aspectos. Nuestros caminos divergieron por un tiempo después de nuestros días en UCSC. Profesionalmente, Robert se convirtió en uno de los principales desarrolladores y formadores en el campo de la PNL. La Universidad de PNL en Santa Cruz es una de las instituciones formativas más reconocidas y respetadas en este campo. Steve se convirtió en una figura importante en el campo de la hipnosis ericksoniana y creó su propia metodología, conocida como Terapia de las Interacciones del Yo.

Después de recorrer por separado nuestros caminos durante unos 25 años, nos reconectamos profesionalmente en 1994 y juntos comenzamos a hacer proyectos que exploraban áreas de interés común e integraban nuestros desarrollos y estilos complementarios. Uno de nuestros primeros proyectos conjuntos fue un seminario titulado "Amor ante la Violencia". Otros incluyeron "Genios y el Yo Generativo", "La Evolución de la Conciencia" y "El viaje del Héroe", que se convirtió en la base del libro, del que fuimos coautores sobre ese tema, titulado *El Viaje del Héroe: Un camino de autodescubrimiento (2009)*.

Como resultado de estas frecuentes colaboraciones generativas, nuestros enfoques complementarios se integraron todavía más y surgió un nuevo método de trabajo común, que llamamos Cambio Generativo.

Las tres ramas del Cambio Generativo

En este capítulo, presentaremos un marco de referencia que define lo que nosotros entendemos por Cambio Generativo. El *Cambio Generativo* es un área más amplia de trabajo relacionado con el cambio y que contiene tres ramas diferentes: 1) Trance Generativo, 2) Coaching Generativo y 3) Cambio Generativo en los negocios. Trance Generativo es el resultado del trabajo que Stephen ha realizado durante los últimos 40 años, y que integra la hipnosis ericksoniana con sus propias innovaciones. Cambio Generativo en los negocios está basado en el trabajo de Robert sobre cómo modelar los factores de éxito y sus desarrollos en la PNL durante los últimos 40 años, y guarda relación con la aplicación del Cambio Generativo a emprendedores, empresas, organizaciones y liderazgo.

El *Coaching Generativo* es el fruto de nuestra mutua colaboración, especialmente durante los últimos 15 años. Esto conlleva aplicar los principios del Cambio Generativo al área del desarrollo personal a través del Coaching de Vida y del Coaching Ejecutivo.

Los principios y procesos del Cambio Generativo proporcionan una "estructura profunda" que tiene muchas aplicaciones diferentes. Esta estructura profunda del Cambio Generativo puede aplicarse a muchas y diversas "estructuras superficiales", o a problemas y situaciones relacionados con el cambio individual, social y organizacional.

Comenzaremos con una visión general del modelo de *Cambio Generativo* y, seguidamente, en los próximos capítulos, veremos cómo aplicarlo específicamente al coaching y al proceso de Coaching Generativo en Seis Pasos que hemos desarrollado.

1. Coaching Generativo

2. Trance Generativo

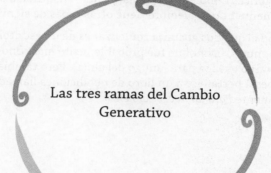

Las tres ramas del Cambio Generativo

3. Cambio Generativo en el mundo de los negocios

4. Apoyo y práctica comunitarios

Para un nuevo comienzo

Antes de sumergirnos en el tema, a ambos nos gusta comenzar lo que estemos presentando con un poema. Hacemos esto en parte para honrar nuestras raíces irlandesas, pero también para enfatizar que, en creatividad, usamos el lenguaje tanto poética y musicalmente como literalmente. Es decir, buscamos utilizar el lenguaje para abrir un espacio que incluya y al mismo tiempo trascienda las palabras.

De hecho, el gran escritor Emerson solía decir que cada palabra era un "poema fósil". Eso significa que cada palabra contiene una historia. Dado que no somos los primeros en pronunciarlas, las palabras que usamos llevan pistas sobre sus orígenes y su evolución a lo largo del tiempo, como un fósil. Sin embargo, cada palabra es también un poema, ya que, en última instancia, ninguna palabra es realmente literal. Siempre tiene otras capas de significado.

El poema con el que nos gustaría comenzar es de un escritor irlandés llamado John O'Donohue. O'Donohue fue probablemente más conocido por su libro *Anam Cara*, término gaélico para "amigo del alma". Pero también escribió otras cosas, y esta poesía pertenece a un libro de bendiciones llamado *Benedictus*. Se titula acertadamente *Para un nuevo comienzo*.

Para un nuevo comienzo

En lugares alejados del corazón,
donde tus pensamientos nunca piensan deambular,
este comienzo ha estado forjándose calladamente,
esperando que estuvieras preparado para emerger.
Durante mucho tiempo ha observado tu deseo,
sintiendo el vacío que crecía dentro de ti,
notando cómo seguías adelante a fuerza de voluntad,
aún incapaz de dejar atrás lo que ya habías superado.
Te observaba jugar con la seducción de la seguridad
y las grises promesas que susurra la monotonía.
Oyó las olas del torbellino elevarse y retroceder,
preguntándose si siempre vivirías así.
A continuación, el deleite, cuando se encendió tu coraje
y saliste a pisar un nuevo terreno.
Tus ojos rejuvenecieron con la energía y el sueño,
un camino de plenitud se abría ante ti.
Aunque tu destino todavía no está claro,
puedes confiar en la promesa de esta apertura:
despliégate en la gracia del comienzo
unificado con el deseo de tu vida.
Despierta tu espíritu de aventura:
no te guardes nada, aprende a encontrar soltura en el riesgo:
pronto estarás en casa con un nuevo ritmo,
pues tu alma siente el mundo que te espera.

John O'Donohue

Este poema capta mucho del viaje, de los desafíos y las alegrías del Cambio Generativo: los procesos a menudo inconscientes que lo desencadenan, la lucha entre el deseo de familiaridad y seguridad y el deseo de crecimiento, la energía y expansión que conlleva conectarse con la más profunda pasión y motivación, y el entusiasmo de traer algo nuevo a la existencia.

Qué es el Cambio Generativo y por qué es importante

Si hay una palabra que puede usarse para describir de qué trata el Cambio Generativo, esa palabra es *creatividad*. En la época en la que crecimos, en el área de la Bahía de San Francisco, en la década de los 60, pensábamos que lo más importante era el *amor*. Sin embargo, ahora creemos que la creatividad es incluso más importante que el amor, porque la creatividad no es algo que hacen unas pocas personas especiales, sino que es el corazón y el alma de todo lo que conocemos como realidad en el mundo. La neurociencia moderna ha establecido que todo lo que los seres humanos sabemos, lo creamos. Entonces surge la pregunta: "¿Qué es lo que queremos crear?". El trabajo del Cambio Generativo brinda apoyo para responder a esta pregunta e implementar nuestras respuestas de manera consciente y sabia.

En realidad, la generatividad es un tipo especial de creatividad. Muchos tipos de creatividad implican esencialmente reorganizar o mejorar gradualmente algo que ya existe. La generatividad es la creatividad en la que se está haciendo algo completamente nuevo, que no existía antes; es decir, "dar un paso hacia un terreno nuevo" y donde "tu destino aún no está claro", como describe el poema.

Hay momentos en la vida de cada sistema, de cada individuo, de cada matrimonio, de cada familia, de cada cultura, de cada negocio, donde lo que se ha hecho en el pasado no ayuda a avanzar hacia el futuro. Esto no ocurre todos los días. La mayoría de las veces, se pueden utilizar versiones de lo que ha funcionado en el pasado. Sin embargo, los que somos practicantes del cambio (coaches, consultores, terapeutas), a menudo, llegamos a la vida de las personas cuando lo que han hecho en el pasado no puede ayudarlos ni en el presente ni a lograr lo que quieren para su futuro.

A veces, la gente usa la metáfora de "reordenar las sillas de la cubierta del Titanic" para referirse a la ineficacia del cambio superficial cuando estás ante un gran problema. Reposicionar las sillas no evitará que el barco se estrelle contra un iceberg y se hunda. Tienes que ir a un lugar más profundo y hacer un cambio más sustancial.

En este sentido, la generatividad trata con el cambio profundo. Se trata de un cambio estructural profundo. Puedes tener una creatividad superficial que simplemente reordene lo que ya sabes. Pero, para nosotros, el Cambio Generativo es un cambio profundo que, en realidad, es un cambio fundamental: no solo de lo que estás haciendo, sino de adónde estás tratando de ir.

Nuevamente, puedes ver esto a nivel individual, en sistemas pequeños o en sistemas grandes. Creemos que la mayoría de nosotros estaría de acuerdo en que los principales sistemas del mundo actual necesitan algún tipo de Cambio Generativo. No estamos hablando de cambios "de decorado" ni de cosas que sería bueno agregar a lo que ya estamos haciendo, sino de cosas que son cruciales, particularmente para el crecimiento de los fundamentos y la supervivencia de un sistema.

Las condiciones que requieren un Cambio Generativo pueden incluir un crecimiento rápido en una nueva área, o una crisis en la que está absolutamente claro que lo que ha funcionado antes ya no funcionará en el futuro ni te llevará a la siguiente etapa. O una transición en la que realmente estás en medio de un cambio muy profundo: en el que ya no estás donde solías estar, todavía no estás donde vas a estar y tienes que lidiar con mucha incertidumbre, mucho riesgo y mucho peligro potencial. Por tanto, estos son algunos ejemplos de los momentos en los que necesitamos un Cambio Generativo.

Elementos clave del trabajo de Cambio Generativo

Hay una serie de elementos clave del trabajo de Cambio Generativo, entre los que se incluyen:

* La importancia de un estado generativo.

* Ir a un lugar completamente nuevo. Objetivos que se expresan como una intención positiva: es decir, dirección frente a destino.

* La relación generativa: un campo de conversación en el que 1 + 1 = 3 o más.

* La importancia de la *inteligencia estética*.

* El enfoque para lidiar con influencias "negativas" (Aikido). No-violencia creativa.

* La práctica como base para una vida consciente.

El primer punto que enfatizaremos es que cualquier tipo de Cambio Generativo requiere que el individuo, grupo o sistema esté en un *estado generativo*. Entraremos en lo que queremos decir con esto más en profundidad posteriormente en este capítulo.

El segundo punto clave tiene que ver con *establecer metas en forma de una intención*, en contraposición a un objetivo claramente definido. A menudo, cuando te encuentras en momentos de incertidumbre, no puedes conocer el destino final. No puedes conocer las especificaciones de tu objetivo final. Lo único que sabes es: "Tengo que ir en esa dirección. Al estado deseado se va por ese camino".

Esto se debe en parte a que no existe un mapa único que describa adecuadamente la situación o proporcione la solución. Por tanto, para generar algo nuevo, necesitas trabajar simultáneamente con múltiples mapas contradictorios.

El Cambio Generativo requiere que el sistema esté en un estado generativo.

Establecer metas en forma de intención.

ANTONIOMEZA

Relación Generativa: uno más uno puede ser tres o más.

Inteligencia estética (un poco de esto y un poco de aquello).

Esto también nos lleva a la noción de lo que llamamos una *relación generativa*. La base de todo el trabajo de Cambio Generativo es que "uno más uno no siempre es dos". En las condiciones adecuadas, también podría ser tres, cuatro, cinco o más. Esto es, de hecho, lo que implica que algo sea "generativo". La interacción genera algo más allá de los elementos involucrados en la interacción.

Y para establecer una relación generativa, debemos estar en sintonía con nuestras propias posiciones y puntos de vista individuales, pero también debemos poder estar en sintonía con la posición y la perspectiva de las demás personas con las que interactuamos. Y lo que buscamos son las diferencias, buscamos dónde la conciencia de la otra persona tiene un mapa o punto de vista diferente al de mi conciencia. De hecho, así es como hacemos los bebés: "Un poco de esto y un poco de aquello".

Aquí es donde entra en juego la importancia de la *inteligencia estética*. A medida que trabajas para identificar e integrar esas diferencias, demasiado de algo comienza a convertirse en un problema. Crea desequilibrio y desarmonía. Por lo tanto, buscamos esa combinación armoniosa de "un poco de esto y un poco de aquello". Cuando seguimos interactuando y combinando de esta manera, eso es lo que crea una bella imagen o una música hermosa.

Algunos simples ejemplos de relaciones estéticas serían una magnífica comida, una orquesta, una gran historia, un equipo deportivo exitoso, un equipo empresarial de alto rendimiento, una persona creativa, una familia, cultura o comunidad funcionales. En cada caso, existen diferencias, pero las diferencias se complementan entre sí de manera que trabajan conjuntamente de forma armoniosa y bella.

En una relación generativa, cada uno cambia constantemente con relación al otro para producir algo placentero sin necesidad de deshacerse de ninguna parte de si mismo. Al hacerlo, descubres que te has expandido de maneras que no imaginabas posibles antes de la relación.

Estás creciendo a través de la relación. Las diferencias suman y expanden. No se trata de: "Está bien, renunciaré a esto y tú renunciarás a aquello, y entonces podremos hacer algo". Estamos totalmente comprometidos con nuestra perspectiva, pero podemos incluir otras perspectivas y ampliar nuestra visión de lo que es posible. Ahí es donde realmente obtienes algo que, en última instancia, es nuevo e impredecible.

Lidiar generativamente con obstáculos e interferencias

La otra dinámica clave en Cambio Generativo es *cómo lidiar con las interferencias potencialmente negativas*, que a menudo provienen de diferencias. Una persona (o una parte de la persona) quiere ir "por este camino", la otra persona (o parte) quiere ir "por otro camino". Ahora bien, esto podría fácilmente convertirse en un problema, por lo que debemos mantener esas diferencias en un campo creativo, en un entorno creativo que permita que todas las partes puedan apreciar lo que pueden aportar, y que está más allá de cualquiera de ellas individualmente.

Otra forma de decir lo que estamos tratando de hacer con el Cambio Generativo es crear un espacio donde cada pieza del proceso de cambio —el estado actual, el estado deseado, los recursos y los obstáculos— tenga un lugar.

Esta relación positiva con los obstáculos como parte integral de cualquier cambio significativo es algo en lo que nos centraremos continuamente, porque creemos que es una de las contribuciones singulares que el Cambio Generativo hace en los campos de la terapia, el coaching y la consultoría.

Este enfoque con respecto a los obstáculos no se originó en nosotros. Nuestro maestro común, Milton Erickson, era asombroso en su capacidad de acoger estos patrones extraños e inquietantes, para poder comprometerse con ellos de tal modo que se convirtieran en un recurso ante tus propios ojos.

Steve practicó el arte marcial japonés del Aikido durante 16 años y experimentó una y otra vez la misma exploración: si se te presenta esta energía perturbadora y aparentemente negativa, ¿cómo te involucras en la relación con ella? Nuestra reacción automática de lucha o huida suele generar más agresión. Genera más odio y más negatividad. En el cambio generativo, exploramos qué sucede si ambas polaridades pueden permanecer conectadas a tierra y "hacer bebés" juntas.

Uno de los principios básicos del Cambio Generativo es que: "Cualquier respuesta particular no es ni buena ni mala, peligrosa ni no peligrosa. Lo que hará que sea de una forma u otra es cómo uno responde a ella, y podría ser de miles de formas". Entonces, de esto trata la generatividad: ¿Cómo puedo cambiar mi relación con lo que está ahí a fin de producir algo diferente, algo mejor o algo nuevo?

En última instancia, esta experiencia se crea a partir de la conexión relacional entre los bandos o las partes del sistema involucrado. En prácticas como el Aikido, la pregunta es: "Cuando me encuentro de esta manera con esta energía difícil, ¿cómo me siento conmigo mismo, qué siento con respecto a la otra persona y qué siento con respecto a nosotros?".

En el Cambio Generativo, sostenemos nuestras diferencias en un campo creativo para descubrir y apreciar nuestras complementariedades generativas.

En el Cambio Generativo, vemos cualquier respuesta particular como solo una de las muchas expresiones posibles de una estructura profunda más fundamental. Y cómo nos encontramos e interactuamos con esa respuesta es lo que determina cuál de esas muchas expresiones posibles será la que realmente emerja.

La creatividad como la interacción entre el "campo cuántico" y el "mundo clásico"

Una forma de hablar de esto sería en términos de la dinámica que se da en la física entre el "mundo cuántico" y el "mundo clásico". El mundo cuántico es esencialmente un campo de infinitas posibilidades: todas las formas posibles que algo podría adoptar. El mundo clásico se compone de una expresión concreta y particular de todas esas posibilidades. El campo cuántico contiene infinitas posibilidades. El mundo clásico elige una realidad.

En cualquier proceso creativo, normalmente comenzamos en este campo cuántico no físico y no clásico. Para dar algunos ejemplos del aspecto que podría tener un campo cuántico, puedes considerar las pinturas de Monet u observar cómo se hacen las resonancias magnéticas funcionales. Estas últimas son las imágenes del cerebro en las que se realizan varias tomas desde diferentes perspectivas y se juntan en un espacio donde quizá se tienen 25 imágenes diferentes. A partir de ellas, se crea una especie de estructura profunda o arquetipo que representa el patrón más profundo.

Lo que esto puede significar en la práctica es, si Robert está siendo agresivo y la respuesta de Steve es: "Bueno, es un maldito idiota enojado", la agresión de Robert probablemente se intensificará y emergerá de una forma bastante violenta. Y Steve diría: "Tenemos que darle medicación" o "Tenemos que llevarlo a un programa para el control de la ira". Steve piensa que la ira solo es un patrón negativo.

Lo que buscamos en el Cambio Generativo es crear un espacio de trabajo donde podamos ver que en cada expresión hay infinitas posibilidades. Para eso, necesitamos regresar del mundo clásico, donde la onda cuántica ha colapsado en una expresión específica, al "océano de infinitas posibilidades". Así nos damos cuenta de que dentro de esa ira está el potencial de otras tantas formas diferentes de expresión concreta.

Esto es lo que entendemos por un estado generativo, que puede ser alcanzado de diversas formas. El chamanismo, la atención plena, la autohipnosis, la gestión del estado, etc. son todas modalidades que nos ayudan a traer una expresión concreta a un espacio donde son posibles muchas formas. Y aquí es donde entra la inteligencia estética. Cuando estoy en este estado de muchas posibilidades, puedo reconectar con la respuesta y ayudar a darle una forma mucho más armoniosa, que realmente sirva mejor para el propósito positivo de esa respuesta.

La ira, por ejemplo, puede tener la intención positiva de establecer un límite, proteger algo o emprender una acción decidida. En lugar de manifestarse con gritos o violencia física, la misma intención y energía podría expresarse como una toma de posición comprometida, una acción heroica o una protesta pacífica.

Podemos resumir esta dinámica de la siguiente manera:

Premisa 1: La creatividad es una conversación.

1. Esta conversación es entre el inconsciente creativo (*cuántico*) y el consciente (*clásico*).
2. El inconsciente creativo es un campo de ondas holográficas que contiene "infinitas posibilidades".
3. La mente consciente "colapsa la onda cuántica" para crear una realidad.

4. La creatividad se mueve entre estos dos mundos, cada uno completa al otro.

Una de las principales funciones de un estado generativo es pasar de un lugar donde hay un solo significado y una posibilidad a un lugar donde todo lo que está sucediendo está resonando y vibrando, y vemos que tiene muchas posibles expresiones y significados diferentes. Este es el primer paso de nuestro proceso creativo: entrar en este estado abierto en el que podemos dar la bienvenida a algo, no como algo fijo y negativo con lo que hay que luchar o que hay que reprimir, sino más bien como un patrón que —si pudiéramos crear las condiciones adecuadas para darle la bienvenida— tendría el potencial para ser muchas cosas diferentes.

A modo de ilustración, puedes pensar en un niño recién nacido como un individuo en estado cuántico, ya que existen muchas posibilidades aún por expresar. Desde el punto de vista de la PNL, el bebé comienza a desarrollar ciertos "programas neurolingüísticos" a través de sus interacciones con familiares, amigos, maestros, exposición mediática, etc., que comienzan a filtrar ciertas posibilidades y acentuar otras. Así, a medida que nuestras familias, la educación, la cultura y los medios de comunicación nos programan, en lugar de tener todas las posibilidades que podríamos tener, tenemos un rango más pequeño y limitado.

Un buen ejemplo de este fenómeno es un estudio donde simplemente se observaba la cantidad de movimientos que hace una persona en una hora. El informe dijo que, si observas a un niño de seis meses durante una hora y miras lo que hace, verás algo así como mil movimientos diferentes: con la cabeza, los brazos, las piernas, los dedos, la cara, etc.

Pero si tomas al mismo niño a los 10 años y lo observas durante una hora, ya no verás mil movimientos discretos. Tendrás suerte si ves algunos cientos. Por supuesto, el niño se volvió más eficiente. Se volvió más estructurado en lo que hace. De alguna manera, es más eficaz. Pero también ha perdido bastante flexibilidad.

Si tomas la misma persona a los 30 años de edad, es posible que tengas suerte de ver solo un centenar de movimientos diferentes. Así, comenzamos a limitar esas posibilidades cuánticas. Por un lado, esto nos permite realizar las cosas de manera más fácil y eficiente; pero esos patrones familiares ya no nos sirven en estos tiempos de cambio de los que estábamos hablando, en estos tiempos de crisis, de crecimiento, tiempos de transición. Y si no podemos volver a ese estado cuántico de infinitas posibilidades, nos volvemos cada vez más limitados. Quedamos atrapados en la rigidez.

La creatividad es una función del estado de nuestros filtros

En nuestro trabajo de *Cambio Generativo*, hablamos de tres tipos generales de filtros. Finalmente, esto es una aplicación del misterio de la "Santísima Trinidad", con la que ambos crecimos como parte de nuestra educación católica. Steve fue expulsado del instituto de secundaria de los jesuitas por cuestionar el misterio de la Trinidad. Por lo tanto, es genial tener una aplicación práctica: "En el nombre de lo cognitivo, de lo somático y del campo sagrado, amén".

Pero, poniéndonos más serios, estamos diciendo que la "luz" del "océano cuántico de posibilidades" entra a través de estos filtros. La forma en que esos filtros están establecidos proyecta la realidad que percibimos y a la que respondemos. Steve hizo su proyecto de posgrado en Psicología en la Universidad de Stanford, en Palo Alto, y realizó alrededor de 30 experimentos durante cinco años sobre lo que se llama "el aprendizaje y la memoria dependientes del estado". Steve entrenaba hipnóticamente a las personas para que entraran en ciertos estados emocionales, como tristeza, ira o felicidad, y luego observaba cómo ese estado emocional influía en una variedad de procesos cognitivos, como recordar experiencias de la infancia.

Descubrió que, cuando las personas estaban en un estado de tristeza, tenían preponderantemente recuerdos tristes. Pero si a esa misma persona la llevabas a un estado de felicidad, sus recuerdos de la infancia eran cualitativamente diferentes. El tipo de futuro que podían imaginar desde un estado de tristeza o desde un estado de felicidad era cualitativamente diferente. Lo que percibirían en el mundo y las interpretaciones que hacían de lo que captaban eran diferentes.

Este es un ejemplo de la profunda influencia de los filtros perceptivos. La Psicología es básicamente el estudio de estos filtros. El Cambio Generativo aborda cómo aplicar dichos filtros para crear nuevas posibilidades.

Un buen símbolo de la influencia de los filtros es un prisma. Si haces que una luz blanca atraviese el prisma, este divide el "potencial cuántico" de la luz blanca en colores distintos y separados. Puedes poner diferentes tipos de filtros en la luz blanca de modo que solo aparezcan ciertos colores. Si no eres consciente del filtro, terminas pensando que el mundo entero es de esa manera.

Como analogía, si el filtro solo atraviesa el espectro de luz azul, todo lo que vemos es azul (digamos, tristeza). Quizás el filtro esté configurado para dejar pasar solo el color rojo (por ejemplo, ira). Entonces solo percibimos lo que nos irrita y enfurece.

Así, en nuestro trabajo de Cambio Generativo decimos que todo comienza con el estado de nuestros filtros.

Podemos resumir la influencia de nuestros filtros de la siguiente manera:

Premisa 2: La construcción de la realidad ocurre a través de los filtros.

1. Los filtros traducen la imaginación cuántica a la realidad clásica.

2. Hay tres tipos generales de filtros: somático, cognitivo y campo.

3. Todo lo que conocemos es lo que nuestros filtros producen. Nuestros mapas son nuestra realidad.

4. Podemos trabajar generativamente con nuestros filtros.

CRASH frente a COACH: el estado de nuestros filtros está determinado por nuestro grado de presencia y **mindfulness** *(atención al presente)*

Lo que determina el estado de los filtros es la calidad de la presencia humana que los sostiene. Puede sostenerlos de una manera muy tensa e inconsciente, o puede sostenerlos en un estado de flujo creativo.

Entonces, la cuestión es que estás sosteniendo un conjunto de filtros dentro de otro conjunto de filtros más fundamentales. A esta noción la llamamos COACH frente a CRASH. Cuando mis filtros cognitivos y somáticos están sostenidos desde un estado abierto y consciente, percibiré muchas posibilidades. Si los mismos filtros están sostenidos desde un estado reactivo y sin conciencia, percibiré muy pocas alternativas.

A este estado reactivo e inconsciente de nuestros filtros le llamamos CRASH (aplastado), como acrónimo de Contraído; Reactivo; Análisis y parálisis; Separado y aislado; y sintiéndose Hostil, herido e hiriente. ¿Cuántos de vosotros habéis experimentado alguna vez un estado así? La mayoría de las veces, cuando las personas están atrapadas en problemas, este es el principal culpable.

Otro término para el estado CRASH es "bloqueo neuromuscular". En tal estado, las únicas respuestas posibles que están a nuestra disposición son estrategias fundamentales de supervivencia, como atacar (luchar), escaparse (huir), aislarse (quedarse congelado) o colapsar (contraerse).

A modo de analogía, si configuras el filtro óptico para que filtre y solo dejas el espectro azul y le pides que encuentre el rojo, nunca lo encontrará. El estado de tus filtros determinará lo que puedes percibir y las posibilidades que percibes.

Repitamos esto. El estado de tus filtros determinará lo que es posible para ti. Por tanto, si sigues obteniendo el mismo resultado no deseado en alguna área de tu vida, esto te está diciendo algo sobre el estado de tus filtros. El universo mismo está cambiando a cada momento. Entonces, el estado de tus filtros es el que está creando la misma realidad no deseada una y otra vez. Tienes que examinar tus filtros.

Para ello, tienes que sintonizar con mucha atención con el espacio en el que sostienes tus pensamientos, la conciencia de tu cuerpo y la conciencia de tus relaciones. Hacemos esto a través de lo que llamamos el estado COACH: Centrado en tu cuerpo; Open; Abierto de corazón y mente, Atento y despierto a ti mismo y a los que te rodean; Conectado con tus recursos y con los demás; y Holding, Sosteniendo lo que está sucediendo desde un estado de hospitalidad, curiosidad e inventiva.

Premisa 3: La conciencia humana sostiene los filtros: "Inconsciente de estar consciente".

Estado CRASH

Estado COACH

Cuando los problemas se afrontan inconscientemente con un bloqueo neuromuscular —lucha, huida, parálisis o contracción—, se desarrollan y repiten a sí mismos.

Contraído
Reactivo
Análisis, Parálisis
Separado
Hostil/Hiriente/Odiando

Cuando las soluciones se mantienen conscientemente en un *flujo creativo*, es posible aprender cosas nuevas.

Centrado
Open (Abierto)
Atento
Conectado
Holding (Sosteniendo)

Nelson Mandela es un hermoso ejemplo de alguien que fue capaz de vivir desde un estado COACH sostenido y desde el potencial de cambio que este crea. Imagina por lo que pasó. Más de treinta años en prisión, torturas y ver a su pueblo soportar dificultades extremas. ¿Crees que podrías parecerte a la persona de esta foto después de todo eso? Entonces, ¿qué es lo que estaba haciendo que le permitió recuperar y mantener este estado positivo en condiciones tan difíciles? Esta es una de nuestras preguntas prácticas.

La primera clave es centrarnos en nuestro cuerpo. Descender e ir por debajo de la mente verbal cognitiva. Esto te ayuda a conectar con algo más profundo que tu programación mental y el estado limitado de tus filtros. Te centras por debajo de ellos.

Entonces podemos *abrirnos más allá* de ellos. La **O** del estado COACH consiste en abrir tu mente y tu corazón a un espacio de mayores posibilidades. Sin embargo, lo importante es abrirte desde tu centro.

La **A** es acerca de la atención y la conciencia. Para permanecer presentes y atentos, necesitamos una conciencia cada vez más sutil y una mayor autoconciencia. Muy a menudo, no somos conscientes del estado de nuestros propios filtros, especialmente cuando estamos en un estado CRASH. Esto requiere mucha práctica. Esta es una de las razones por las que a veces necesitamos un *coach* que nos dé *feedback* sobre el estado de nuestros filtros, para que podamos volvernos más conscientes y capaces de elegir ajustarlos si es necesario.

La segunda **C** del estado COACH guarda relación con nuestro nivel de conexión con nosotros mismos —cabeza, corazón, vientre, cuerpo, emociones, intelecto—, con nuestra conexión con los demás y con los recursos fuera de nosotros mismos. En cualquier ámbito en el que estamos desconectados, estamos "desalineados".

La **H** de COACH guarda relación con la capacidad de "contener" lo que esté sucediendo y lo que estamos experimentando con curiosidad, ingenio y una mentalidad acogedora. Una forma de ilustrar y comprender lo que queremos decir con "sostener" es el siguiente diagrama de un pequeño círculo dentro de otro más grande.

Centrado

Open (Abierto)

Atento

Conectado

Holding (sostener o contener)

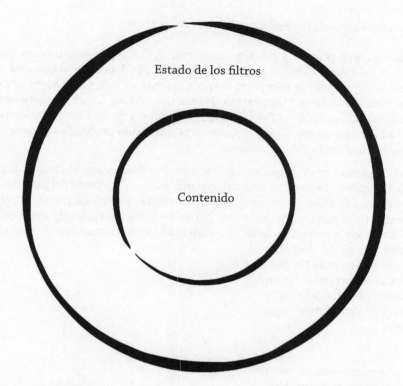

Estado de los filtros

Contenido

El círculo grande representa el estado de los filtros a través de los cuales el contenido está siendo percibido y se actúa sobre él. La forma en que se sostenga el contenido determinará nuestra relación con dicho contenido y la forma en que es percibido y expresado. Cuando un contenido particular se mantiene en estado CRASH, es probable que se perciba y exprese como algo difícil, peligroso y problemático. Si el mismo contenido se mantiene dentro de los filtros del estado COACH, es más probable que sea percibido y expresado de una manera más productiva y plena de recursos.

Esta es una de las premisas fundamentales del Cambio Generativo: cualquier contenido particular (por ejemplo, emoción, comportamiento, síntoma, relación, situación, etc.) puede ser positivo o negativo, útil o inútil, bueno o malo, práctico o problemático dependiendo del estado de tus filtros y la relación que tienes con ese contenido. Si trato algo como un problema, será un problema. Si trato lo mismo como una oportunidad, será una oportunidad.

Es interesante indicar que Robert y su esposa Deborah inventaron las siglas de COACH y CRASH una mañana de 2009 cuando estaban atravesando una dinámica particularmente difícil en su relación. Los acrónimos les ayudaron a tener presente que habían de volver a un estado pleno de recursos cuando las cosas se pusieran especialmente difíciles (Y lo siguen practicando a día de hoy).

Los pasos básicos del Cambio Generativo

Entonces, una pregunta práctica clave sería: "¿Cómo puedo mantener mis filtros en un estado COACH generativo, con independencia de lo que esté sucediendo?". Aprender la respuesta a esta pregunta es una parte esencial de las tres ramas del Cambio Generativo: Trance Generativo, Coaching Generativo y Consultoría Generativa. Todas comparten una estructura profunda común y un camino común con diversos pasos. Esta estructura profunda se puede adaptar a muchos contenidos distintos.

1. El primer paso consiste en ir "vaciando" o "despejando el canal". La investigación sobre Creatividad muestra que una parte importante del proceso creativo es, con frecuencia, descansar, salir a caminar y dejar de pensar en el problema. Por lo general, durante este período es cuando surge alguna idea nueva. Entre los investigadores de la creatividad existe el consenso de que en ese momento estás desprendiéndote de todas tus respuestas incorrectas. Es un proceso de soltar algo para permitir que entre algo nuevo.

1.Limpiar el canal

De modo que si vas a involucrarte en un trabajo de Cambio Generativo, lo primero que quieres hacer, antes de comenzar a hablar sobre el problema, o sobre el estado deseado o la posible solución, es abrir tus filtros, despejar el canal y conectarte con lo mejor de ti mismo y con lo que hemos llamado el "campo cuántico" de infinitas posibilidades. Dicho de manera simple, quieres vaciarte, abrir el canal y "limpiar el mecanismo". Esto significa esencialmente hacer que todos los involucrados entren en un estado COACH. Este siempre es el primer paso.

2.Establecer una intención positiva

3.Entrar en un estado de actuación generativa

2. A continuación, deseas dirigir esa conexión contigo mismo, con los demás y con este campo de infinitas posibilidades hacia algún propósito; lo que llamamos una *Intención Positiva*. Estamos haciendo la pregunta: "¿Cuál es ese futuro que está esperando ser creado a través de ti?". Y como hemos señalado, en el Cambio Generativo, al comienzo no podemos saber cuál será la expresión final de esa intención. Lo importante es tener clara la dirección, aunque no sepamos con precisión cómo será el destino.

3.Una vez que tengas los filtros abiertos y dirigidos hacia una intención positiva, el tercer paso es entrar en lo que llamamos un *estado de actuación generativa*. Para ello, has de responder a la pregunta: "¿Cuál sería mi mejor estado de actuación (o mi estado de máximo rendimiento) para ser capaz de moverme en el mundo y hacer realidad esta intención?".

La diferencia entre el estado COACH y lo que llamamos el "estado de actuación generativa" es que, además de la conexión contigo mismo y tu centro, estás agregando una segunda conexión con una dirección o "intención" particular. Para completar el estado generativo, agregas una tercera conexión con partes específicas de tu "campo de recursos" más amplio. Esto puede incluir lo que has aprendido o recibido de maestros, mentores, familiares, antepasados, naturaleza, etc. El propósito del estado generativo es dirigir, abrir y ajustar mis filtros para ser capaz de llevar mi intención positiva a una expresión concreta.

En el trabajo de Cambio Generativo, estos tres primeros pasos son los precursores para pasar a la acción, para responder a la pregunta: "¿Qué hago?". Por lo general, cuando las personas acuden a ti en busca de asesoramiento, coaching o terapia, se están preguntando desesperadamente: "¿Qué hago? ¿Qué hago? ¿Qué hago? ¿Qué hago?". Y por lo general, tu primera respuesta es preguntarte inmediatamente: "¿Qué hago? ¿Qué hago? ¿Qué hago? ¿Qué hago? ¿Qué hago?". Y nuestra respuesta sincera es: "Nada", al menos al principio. Antes de emprender una acción, debes vaciarte y clarificar en qué dirección quiere ir tu cliente. Entonces tienes que organizarte a ti mismo y a cualquier otra persona involucrada para estar en un estado creativo.

4. Después de esto, puedes pasar al cuarto paso del proceso de Cambio Generativo, que consiste en *explorar cómo llegaremos del estado actual al estado deseado*. La investigación sobre la creatividad y el "fluir" (flow) muestra claramente que tienes que trabajar en pequeños fragmentos. Si solo tienes un gran objetivo, es demasiado, es demasiado difuso, demasiado agobiante y no va a suceder. Tienes que dividirlo y organizarlo en una línea de tiempo. Entonces, estamos pensando: "¿Cuáles serían los pasos concretos a seguir para realizar esa intención?".

4. Fragmentar el camino

5. En este momento (aunque realmente podría ocurrir en cualquier parte del proceso), es cuando ocurre el paso cinco, lo desees o no. *Empiezas a confrontarte con los inevitables obstáculos externos e internos*. En cuanto piensas: "Está bien, voy a ir por esa intención con confianza", casi de inmediato se activan todas esas presencias internas y externas que dicen: "Oh, no, no vas a hacerlo". "Eres un estúpido". "Estás loco". "No puedes hacerlo". "¿Quién te crees que eres?". "¿Tienes una licencia para eso?". "Te va a costar demasiado dinero".

5.Transformar obstáculos

Como hemos señalado, esta es una de las partes más importantes del Cambio Generativo. En general, en los primeros cinco segundos que una persona comienza a establecer un objetivo, puedes ver cómo se activan los obstáculos internos. Dentro de esos cinco segundos desde que la persona dice: "Esto es lo que quiero", algo dentro le dice: "No, no puedes tenerlo".

Esta es una expresión de uno de nuestros principios fundamentales del trabajo de Cambio Generativo que dice: "Todo contiene su opuesto". En cuanto yo diga que quiero más felicidad, empezará a emerger lo opuesto. Todas las experiencias y lugares de tristeza y dolor comienzan a aparecer. Isaac Newton afirmó: "Por cada acción, hay una reacción igual y opuesta". Y lo mismo es cierto a nivel psicológico. Para cada objetivo, habrá obstáculos equiparables y opuestos. Nos gusta decir: "Cuanto más brilla la luz, más oscura es la sombra". Cuanto mayor sea la meta, mayores serán los "demonios" que vendrán a detenerte.

Lo más importante que hay que hacer cuando emergen los obstáculos es permanecer en el estado COACH y en el estado generativo. La reacción natural es comenzar a entrar en algún tipo de CRASH (atacar, escapar, paralizarse o darse por vencido). Permanecer en un estado generativo y con recursos requiere entrenamiento y práctica. Uno de los principales puntos que Steve practicó en su entrenamiento de Aikido durante más de 16 años fue que, tan pronto como sientes que alguien te agarra, te relajas y llevas su energía a través de ti hacia la tierra. Esto te permite tener una "curiosa" y diestra relación COACH con lo que acaba de entrar al sistema. Si en ese punto entras en un estado sostenidamente CRASH, el sistema también entrará en CRASH.

Aquí es donde entra en juego el mantener la conexión con el campo de infinitas posibilidades cuánticas. Este obstáculo se presenta en una forma determinada. Si podemos encontrarnos con él, contenerlo (la parte "H" de COACH) y llevarlo a un "reluciente" estado de posibilidades, podremos comenzar a transformar su expresión. Esta es la idea de "transformar el obstáculo". Lo que parece ser un obstáculo o una interferencia toma una forma diferente y, en realidad, puede convertirse en cierto sentido en un guardián o un guía.

6. Establecer prácticas continuas

6. Como hemos señalado, hacer todo esto requiere práctica. Así, el sexto paso del proceso de Cambio Generativo implica *establecer prácticas continuas* que mantendrán tu impulso de realizar tu intención y profundizar el cambio que tratas de lograr. Las prácticas son actividades repetitivas que fortalecen y enriquecen tu progreso para lograr tu intención positiva.

En los próximos capítulos, vamos a explorar cómo aplicar los principios y el proceso de Cambio Generativo específicamente al coaching.

Somos Mensajeros

*Podemos dejar nuestras huellas
en la tierra,
pero caminamos en el cielo.
Nuestra luz brilla más allá
de nuestra propia visión,
nuestras palabras calan más profundo
que nuestra propia sabiduría.*

*Enseñamos
que lo que hemos vivido antes
no determina
aquello que podemos llegar a ser.*

*Y seguimos
una simple verdad
del corazón:*

*Lo que vemos en otros
lo despertamos en nosotros.*

*Nos convertimos
en aquello que damos
al mundo.*

Nick LeForce

Capítulo 2

Introducción al Coaching Generativo

En el capítulo anterior, sentamos las bases de la estructura profunda de todo el trabajo de Cambio Generativo. En este capítulo, proporcionaremos una descripción general de cómo aplicamos esa estructura profunda al proceso de coaching. Si bien el Trance Generativo, el Coaching Generativo y el Cambio Generativo en los negocios comparten el mismo prototipo básico, existen diferencias en cómo se aplica esta estructura profunda y en dónde enfocas la atención.

Comencemos por ver cómo se desarrolló lo que llamamos *coaching*.

Historia del coaching

En general, el coaching es el proceso de ayudar a las personas y a los equipos a rendir al máximo de sus capacidades. Implica sacar a la luz las fortalezas de las personas, ayudarlas a superar las barreras y los límites personales para lograr lo mejor de sí mismas y facilitarles un funcionamiento más eficiente como miembros de un equipo. Por lo tanto, el coaching eficiente requiere un énfasis tanto en la tarea como en el vínculo.

El coaching tradicional se concentra en definir y lograr objetivos específicos. Las metodologías de coaching están más orientadas a los resultados que a los problemas. Suelen estar muy centradas en la solución, promoviendo el desarrollo de estrategias eficaces para pensar y actuar, en lugar de tratar de resolver problemas y conflictos pasados. La resolución de conflictos, o la sanación, se asocia más con el asesoramiento y la terapia.

Curiosamente, el término *coach* proviene del nombre de un pequeño pueblo húngaro, Kocs, donde se construyeron los mejores vagones, carros y carruajes en los siglos XVI y XVII. Kocs estaba en la carretera principal a lo largo del Danubio entre Viena y Budapest. Estas dos grandes ciudades necesitaban vehículos rápidos y bien construidos que pudieran llevar en el día a más de dos personas por las carreteras llenas de baches con la mayor comodidad posible. Uno de sus mejores carros tirados por caballos era un vagón de pasajeros de cuatro ruedas, ligero y razonablemente cómodo, dotado de una correa de suspensión, llamado en húngaro *kocsi szekér*, literalmente "un vagón de Kocs". Era tan compacto, elegante y robusto que el diseño se extendió por toda Europa. Los vieneses llamaron al vehículo un *Kutsche*, aludiendo al nombre de la ciudad húngara. En París, los franceses adaptaron la palabra austríaca a *coche*. En Roma, se convirtió en *cocchio*. Finalmente, el vehículo apareció en Inglaterra y fue llamado *coach*.

Por lo tanto, *coach* originalmente significaba "vagón o carruaje", y todavía tiene este significado en la actualidad, como cuando una persona viaja en un *coach* (vagón) en un tren o aerolínea. Un *coach* es literalmente "un vehículo que lleva a una persona o grupo de personas desde un punto de inicio a un lugar deseado".

Por ejemplo, ambos tomamos frecuentemente el tren Eurostar para viajar entre París y Londres. La última vez que tomamos el tren, nos asignaron asientos para el *coach 13* (vagón 13). Estábamos pensando: "¡Oh! ¡Nos van a ofrecer coaching durante todo el camino!". Pero, por supuesto, en este caso, *coach* no se refería a una persona. En este sentido, *coach* significaba literalmente una parte específica del vehículo que nos llevaba de un lugar a otro.

Un coach es un vehículo que transporta personas de algún estado presente a un estado deseado

El desarrollo del coaching tradicional

La idea del coaching en el sentido educativo se deriva del concepto de que el tutor "transmite" o "transporta" al alumno a través de sus exámenes. Un entrenador educativo se define como "un tutor privado", "alguien que instruye o entrena a una persona o a un equipo" o "alguien que instruye a los jugadores en los fundamen-

tos de un deporte competitivo y dirige la estrategia del equipo". El proceso de ser un *coach* se define como "entrenar intensivamente (tanto por instrucción como por demostración)".

Coach de Remo

En los deportes, el coach acompaña y observa a los deportistas mientras practican, animando y retroalimentándoles para que den su mejor rendimiento. Un coach de remo, por ejemplo, viaja en la piragua junto a los remeros. El coach observa a los remeros y dirige su atención a diversos aspectos de su actuación, tanto individualmente como en equipo, diciéndoles cosas como: "Cuidado con las rodillas de la persona que está delante de ti"; "Abre el pecho y mantén los hombros fuertes pero relajados".

Entonces, en cierto sentido, el vínculo con el coach es el vehículo que lleva al cliente al estado deseado. Y se pone gran parte de la atención en pasar a la acción. El coach deportivo, el coach de voz, el coach de actores, etc., están todos dirigidos hacia tipos específicos de actividades conductuales. Un coach de voz te ayuda a mejorar la voz. Un coach de bateo te ayuda a mejorar tu habilidad para batear una pelota de béisbol, y así sucesivamente.

El coaching, por tanto, trata de proporcionar un vehículo mediante el cual una persona o un grupo pueden pasar de su *"estado actual"* a algún *"estado deseado"*, y es de esperar que esto ocurra de la manera más eficaz y eficiente. Para "realizar este viaje" se deben identificar y poner en marcha los recursos clave, y también se deben identificar y tratar adecuadamente las posibles "interferencias". Podemos resumir el proceso básico de coaching en el diagrama siguiente.

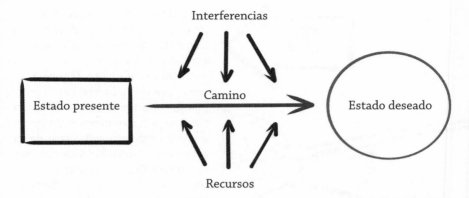

Diagrama general del proceso de coaching

Coaching con "C" mayúscula y con "c" minúscula

A lo largo de la historia, el coaching se ha centrado típicamente en mejorar un funcionamiento conductual específico. Un coach eficaz de este tipo (como un "coach de voz", un "coach de actores", un "coach de bateo") observa el comportamiento de una persona y le da consejos y orientación sobre cómo mejorar en contextos y situaciones específicos. Esto implica promover el desarrollo de la competencia conductual de esa persona a través de una cuidadosa observación y del *feedback* correspondiente.

Sin embargo, el coaching que promueve el Cambio Generativo ofrece apoyo a varios niveles diferentes: comportamientos, capacidades, creencias, valores e incluso identidad. Nos referimos a este tipo de coaching como Coaching con "C" mayúscula (véase Dilts, R. (2003). *From Coach to Awakener*).

El coaching con "c" minúscula está más enfocado en el nivel del comportamiento, refiriéndose al proceso de ayudar a otra persona a lograr o mejorar el rendimiento de un comportamiento concreto. Los métodos de coaching con "c" minúscula se derivan principalmente del modelo del entrenamiento deportivo, que promueve el conocimiento consciente de los recursos y habilidades, y el desarrollo de la competencia consciente.

El Coaching con "C" mayúscula, o Coaching Generativo, conlleva ayudar a las personas a lograr resultados eficaces en una variedad de niveles. Hace énfasis en el Cambio Generativo, concentrándose en fortalecer la identidad y los valores, y hacer realidad los sueños y las metas. Esto abarca las habilidades del coaching con "c" minúscula, pero incluye mucho más.

Podemos decir que el Coaching Generativo es una forma de coaching con "C" mayúscula. En lugar de enfocarnos en una categoría específica de comportamiento, estamos poniendo el foco en: "¿Qué es lo que más quieres crear en tu vida?". Y a continuación: "¿Cómo vas a crear eso?". Una vez más, es ese movimiento de traer algo del campo cuántico de posibilidades a la acción concreta.

De hecho, para nosotros, el Coaching Generativo está liderando el camino hacia una nueva generación de trabajo con el cambio.

Las tres generaciones del trabajo con el cambio personal

Si miramos la historia del desarrollo personal y del trabajo con el cambio, podemos decir que la primera generación fue la terapia tradicional. Cuando nosotros (Robert y Stephen) participamos por primera vez en el desarrollo de la PNL a mediados de la década de 1970, no existían los campos formales del Coaching de Vida o del Coaching Ejecutivo. Si deseabas involucrarte en el campo del desarrollo personal, básicamente tenías que hacerlo aprendiendo alguna forma de terapia. Y, tradicionalmente, eso significaba que alguien "le hacía" algo a otra persona que esta no podía hacer por sí misma, o tenía un problema o estaba herida. El terapeuta era quién tenía la respuesta y las herramientas: en esencia, el cliente solo era un receptor.

Para ser justos, en la década de 1950 comenzó una especie de alejamiento de este tipo de terapia en personas como Carl Rogers o Jean Houston a través de la psicología humanista, o Virginia Satir y Milton Erickson a través de enfoques más sistémicos de la terapia. También fue relevante todo lo que sucedió en la California de los años 60. Esalen, por ejemplo, que está a solo una hora y media bajando por la costa desde Santa Cruz, es donde se hacían encuentros terapéuticos californianos en jacuzzis.

De modo que, había surgido este movimiento que ofrecía formas de brindar apoyo al crecimiento y desarrollo de las personas desde lo no-patológico. Pero fue una mezcolanza. Y más adelante, en los años 80, esto comenzó a derivar en la idea del coaching. Este movimiento implicó un cambio de una orientación autoritaria, enfocada al pasado, basada en el problema-síntoma, a una orientación colaborativa, centrada en el futuro y en la solución. Esto comenzó con el desarrollo de disciplinas como la terapia centrada en las soluciones. Luego, en el coaching, el enfoque cambió todavía más, pasando de encontrar soluciones a alcanzar los resultados deseados. Los problemas no están destinados a ser el centro de atención en absoluto. Las preguntas son: "¿A dónde quieres ir?" y "¿Qué pasos tienes que dar para llegar allí?".

No obstante, una de las limitaciones del enfoque del coaching tradicional es que tiende a ser demasiado "lado izquierdo del cerebro: social-cognitivo-verbal". La atención se centra casi por completo en lo que llamamos el "mundo clásico". Así, podemos llamar al coaching tradicional: "La primera generación de coaching". Está bastante centrado en la cabeza. No quiere lidiar con problemas. Y no está muy encarnado. Básicamente, el enfoque es: "Concéntrate en lo que quieres. Deja de quejarte. Encuentra tus recursos, ve y hazlo".

En la segunda generación de trabajo con el cambio, se produjo un giro del principio básico del coaching, pasando de "El terapeuta tiene la solución, el cliente está indefenso" —que caracterizaba la terapia de primera generación— a: "El coach no tiene la respuesta, la respuesta la tiene el cliente". El papel del coach es acompañar al cliente a encontrar sus propias respuestas y soluciones.

En la tercera generación del trabajo de cambio, que se caracteriza por el Coaching Generativo, decimos: "No es uno u otro; es ambos-y". El pasado y el problema, y el futuro y el resultado son todos parte del proceso general de cambio. El primer principio básico del Cambio Generativo es que "la creatividad es una conversación". Y desde nuestro punto de vista, la mente creativa no está en el coach ni en el cliente. Está en el campo generado entre ellos. Está en la calidad de la relación. Está en la conversación. Y así, como los músicos, tienes que crear las condiciones para escuchar y hablar de forma equilibrada.

En segundo lugar, la mente creativa y las respuestas no están solo en la cabeza, no solo en la mente consciente. Tampoco están, como plantea la hipnosis tradicional, solo en el inconsciente. La mente creativa y las respuestas están en este equilibrio conversacional entre el mundo cuántico inconsciente y el mundo clásico consciente.

En tercer lugar, la creatividad y el cambio no son solo una función de las soluciones y los recursos. Más bien, la creatividad y el cambio implican soluciones y recursos *pero también*, al mismo tiempo, el problema y los obstáculos. Y cuando puedes mantener simultáneamente estas energías opuestas, algo nuevo comienza a emerger. Y esto es lo que pretende señalar la palabra *generativo*.

Podemos resumir esta evolución de la siguiente manera.

1. Trabajo de cambio de primera generación: Terapia tradicional-autoritaria; orientado a problemas del pasado y a patologías; orientado a la comunicación verbal, más conversación que acción.

2. Trabajo de cambio de segunda generación: Nuevas Terapias/Coaching Tradicional-Colaborativo; orientado al futuro; soluciones y recursos; centrado en la acción; la creatividad está en el consciente o en el inconsciente.

3. Trabajo de cambio de tercera generación: Coaching Generativo (es decir, creación de resultados novedosos, cambio profundo, transformador) - Emergente; coaching tradicional MÁS la incorporación de la conciencia creativa; estados internos generativos; transformar problemas en recursos; orientando a la conciencia creativa tanto en el mundo interno como en el externo, creando realidades "más allá de la creencia y la expectativa".

Trabajo de cambio de tercera generación: Coaching Generativo

Trabajo de cambio de segunda generación: Coaching Tradicional

Trabajo de cambio de primera generación: Terapia Tradicional

Es importante señalar que no estamos diciendo que ninguna de estas generaciones sea "correcta" o "incorrecta", o mejor que las demás. Cada una tiene su propósito, su enfoque y su función. Como hemos señalado, esta tercera generación de trabajo con el Cambio Generativo es necesaria y más eficiente cuando el objetivo es crear algo novedoso y nuevo, especialmente en situaciones que implican un alto nivel de cambio e incertidumbre. Estas son situaciones en las que las antiguas respuestas y soluciones ya no funcionan.

Diferencias entre Coaching Generativo, Trance Generativo y Cambio Generativo en el mundo de los negocios

Hablando de las tres ramas del Cambio Generativo, con frecuencia nos preguntan: "¿Cuáles son las diferencias entre el Trance Generativo, el Coaching Generativo y el Cambio Generativo en el mundo de los negocios?". Dado que obviamente comparten una estructura profunda común, muchas de las diferencias tienen que ver con cómo se aplica esta estructura profunda.

Todo Cambio Generativo implica este tipo de danza entre el mundo interno (y más cuántico) y el mundo externo (más clásico), dirigido hacia un estado deseado particular. Como hemos dicho, el coaching tradicional se centra en hacer o mejorar algo conductual (es decir, la voz, una actuación, gimnasia, etc.). A esto es a lo que nos referimos cuando hablamos de lograr algo en el mundo concreto, externo, clásico. Cuando establecemos una intención en el Coaching Generativo, generalmente buscamos que algo nuevo sea llevado al mundo de lo concreto, por ejemplo: escribir un libro, hacer crecer mi práctica de consultoría, mejorar mi relación íntima, establecer mejores hábitos alimenticios, etc. Generalmente, la gente busca el coaching para realizar algún tipo de superación personal concreta.

En el Trance Generativo, con frecuencia la intención se enfoca en algo más interno y personal y, a menudo, implica algún tipo de sanación o transformación interna. El Coaching Generativo se asienta más en el mundo clásico, mientras que el Trance Generativo tiende a pasar más tiempo explorando el mundo cuántico. La noción de "trance" está claramente asociada con el "inconsciente creativo". Para ayudar a un cliente a entrar en ese espacio, el practicante de Trance Generativo necesita ser más que un guía, poniéndose en el lugar de la mente consciente del cliente temporalmente y utilizando ciertos tipos de sugerencias para que el cliente pueda entrar más plenamente en su imaginación cuántica. Esto requiere un conjunto singular de habilidades, distintas de las utilizadas en el coaching.

Un buen ejemplo de esto es el contraste entre el Metamodelo y el Modelo Milton en el desarrollo de la PNL. Cuando nos reunimos por primera vez en los grupos iniciales de Bandler-Grinder, el primer modelo que se les ocurrió a Bandler y Grinder se llamó "Metamodelo". En su libro *La estructura de la magia I*, Bandler y Grinder aplicaron principios de la gramática transformacional para modelar las habilidades verbales de algunos genios de la psicoterapia como Virginia Satir y Fritz Perls. Básicamente, el metamodelo establece el sistema de preguntas que usaron estos terapeutas para ayudar a sus clientes a ser más intencional y específicamente conscientes de cómo las "eliminaciones, distorsiones y generalizaciones" de sus modelos del mundo les estaban limitando. Algunos ejemplos de estas preguntas son: "¿Qué, específicamente? ¿Quién, específicamente? ¿Cómo, específicamente?". Se trata de obtener un mapa más claro y específico.

Cuando Bandler y Grinder mostraron *La Estructura de la Magia I* a Gregory Bateson, él dijo: "Si realmente queréis saber algo sobre la comunicación, id a estudiar al 'púrpura' en el desierto" (nos gusta señalar que Milton Erickson fue "el púrpura" antes que Prince). Bandler y Grinder fueron a Phoenix (Arizona) para modelar a Erickson y salieron completamente confundidos, lo que era el resultado habitual después de estar con Milton Erickson. Y lo que encontraron fue que Erickson violaba sistemáticamente todas las distinciones del Metamodelo. Estaba haciendo todo lo contrario a plantear preguntas para lograr ser más consciente de lo específico. Como hipnoterapeuta, tendía a hacer sugerencias abiertas que impulsaran más a las personas hacia el campo cuántico del inconsciente creativo. Y así, en *The Patterns of Milton Erickson*, Volumen 1, Bandler y Grinder básicamente tuvieron que invertir el Metamodelo para llamarlo "Modelo Milton". Se trataba de utilizar un lenguaje inespecífico y metáforas.

Así, el Trance Generativo se basa sobre todo en el uso del Modelo Milton. Se trata de emprender un viaje al campo cuántico. En el Trance Generativo, ayudas al cliente a reconocer el espacio en el que está encerrado para luego, usando el trance, liberarlo de ese lugar. Soltamos todo compromiso con cualquier perspectiva o comprensión en particular hasta que encontramos múltiples nuevas posibilidades, y luego las probamos hasta dar con la talla apropiada.

El coaching está más enfocado hacia el empleo del Metamodelo y se vuelve específico al hacer ciertos tipos de preguntas: "¿Cómo vas a hacer eso específicamente? Segmentemos esto en pequeñas porciones". Sin embargo, incluso en el Coaching Generativo, es necesario sumergirse en ese estado cuántico durante un tiempo para obtener algo nuevo y luego regresar para continuar el viaje.

Por lo tanto, parte de lo que buscas, como practicante de Cambio Generativo de cualquier tipo, es discernir cuándo necesitas ser más abierto y cuándo necesitas ser más preciso, cuándo necesitas ser realmente específico y cuándo necesitas dejar de enfocarte en una representación particular y abrirte a una estructura más profunda, donde tienes infinitas formas posibles.

Aquí es donde entra la inteligencia estética. Porque si te concentras demasiado en una parte, comenzarás a perder la conexión con la otra. En el Cambio Generativo siempre estamos haciendo "Ambos-y". Voy a lo específico y, al mismo tiempo, mantengo la conexión con el todo. A esto nos referimos con la inteligencia estética. Para hacer esto, necesitamos mantener el equilibrio entre un "estar relajadamente preparado" en el cuerpo y una "espaciosidad enfocada" en la mente. Eso forma parte del poder del estado COACH: "Estoy concentrado y espacioso al mismo tiempo. Estoy relajado y preparado al mismo tiempo".

El movimiento del Coaching Generativo al Cambio Generativo en el mundo de los negocios tiende a inclinarse todavía un poco más hacia el mundo clásico y a la totalidad mayor. El objetivo del Cambio Generativo en los negocios es ayudar a los equipos y organizaciones a evolucionar y funcionar de formas nuevas y más eficaces. Conseguir esto implica asesorar a los clientes sobre cómo establecer un programa o camino que integre múltiples inteligencias y múltiples inter-venciones, con el fin de alcanzar resultados organizacionales clave que nunca antes se habían logrado. Incluso, si un consultor está interactuando con una sola persona, en última instancia el enfoque no está en esa persona concreta. Este individuo se percibe como un representante de un sistema más grande.

Todo Cambio Generativo implica obtener acceso al campo cuántico. Por tan-to, el Cambio Generativo en el mundo de los negocios hace énfasis en el uso de la metáfora, del cuerpo y de la inteligencia somática en un grado mucho mayor que la consultoría tradicional que, en general, trabaja exclusivamente con cons-trucciones racionales del lado izquierdo del cerebro. La Consultoría Generativa también se basa en gran medida en lo que llamamos el "campo" mental en for-ma de inteligencia colectiva.

En resumen, podemos decir que tanto el Coaching Generativo como el Tran-ce Generativo se enfocan más en el individuo. El Trance Generativo conlleva acceder más al campo cuántico del inconsciente creativo, utilizando diversas formas de guía y sugestión para producir sanación interna y transformación. El Coaching Generativo tiende a trabajar para crear una superación personal más basada en el mundo externo y clásico; aunque todavía requiere conexiones ricas y frecuentes con el campo cuántico. El Cambio Generativo en el mundo de los negocios se enfoca en lograr algo nuevo en los grandes sistemas de los que for-mamos parte como individuos. El Cambio Generativo en los negocios consiste en aplicar los principios del Cambio Generativo para asesorar sobre cómo crear un camino para conseguir algún logro en el mundo externo y clásico. Sin em-bargo, el objetivo final de los tres es el empoderamiento individual y colectivo. Este es el "patrón que conecta" a todos ellos.

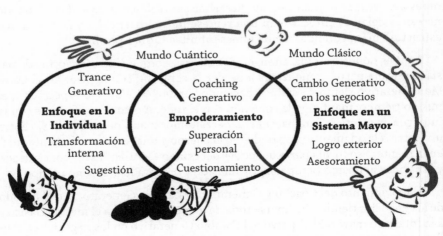

La intersección entre Trance Generativo, Coaching Generativo y Cambio Generativo en los negocios

El Modelo de seis pasos del Coaching Generativo

En lo que queda del libro, vamos a centrarnos en el proceso y las competencias del Coaching Generativo.

Una de nuestras definiciones básicas de Coaching Generativo es: *El arte de utilizar el "flujo disciplinado" de la conciencia creativa para generar nuevas identidades y realidades*. Esta definición implica que, si bien se basa en expresiones conductuales concretas, el Coaching Generativo se dirige hacia niveles profundos y fundamentales del cambio creativo. El término "flujo disciplinado" captura la noción de complementariedad entre el mundo concreto, clásico, y el campo cuántico que está en el corazón del Cambio Generativo y del Coaching Generativo.

Como hemos señalado en el capítulo anterior, el trabajo de Cambio Generativo que hemos estado desarrollando durante los últimos 20 años puede expresarse en un prototipo central que llamamos Modelo de seis pasos. Este modelo es algo que nos llevó bastantes años perfeccionar. Su poder reside en que, por un lado, es un proceso paso a paso muy claro. Y por el otro, no es rígido. De hecho, permite mucha flexibilidad, e incluye varios métodos y modalidades diferentes para satisfacer cualquier paso concreto. Este es un buen ejemplo de lo que entendemos por "flujo disciplinado".

En todo trabajo de Cambio Generativo, el principio organizador es la creatividad. En nuestra opinión, el proceso creativo tiene seis partes fundamentales distintas. Observando estas partes individualmente y, luego, la relación entre ellas, se pueden lograr resultados sorprendentes y creativos con fluidez y de una manera muy disciplinada.

Los seis pasos del Coaching Generativo van en paralelo con el prototipo de estructura profunda de todo Cambio Generativo:

1. Abre un campo COACH

2. Establece una intención/dirección positiva

3. Desarrolla un estado generativo (creativo)

4. Pasa a la acción

5. Transforma obstáculos/resistencias

6. Establece prácticas para la creatividad continua

En el primer paso, te asientas en ti mismo y te abres al campo cuántico.

Abrir un Campo COACH

En el segundo paso, eliges una dirección dentro de ese campo de infinitas posibilidades. Estás decidiendo "¿Qué es lo que quiero manifestar en mi vida ahora?".

Establecer una intención/dirección positiva

El tercer paso implica conectarte con las partes de tu campo de recursos que vas a necesitar para ayudarte a avanzar de manera creativa y efectiva hacia el estado deseado.

Desarrollar un estado generativo (creativo)

El cuarto paso consiste en pasar a la acción. Y ahí es casi inevitable que comiences a enfrentarte a los obstáculos e interferencias.

Pasar a la acción

Transformar los obstáculos/resistencias

El quinto paso consiste en encontrarte e interactuar con esos obstáculos mientras te mantienes conectado con el estado generativo y el campo COACH para poder transformarlos. Lo que suele ocurrir cuando nos encontramos con un obstáculo es que una parte de nuestro estado generativo comienza a colapsar. Nuestra atención se retrae. Perdemos el sentido de dirección. Perdemos la conexión con nosotros mismos. Entonces, el paso cinco es crucial para el éxito en el proceso de coaching.

Establecer prácticas para la creatividad continuada

El sexto paso consiste en establecer prácticas para profundizar los cambios iniciados en la sesión de coaching. ¿Cuántas de vuestras madres os dijeron: "Cariño, para ser bueno en algo, tienes que practicar"? Probablemente, a muchos de vosotros no os lo dijeron. Entonces, permitidnos ser vuestras honorables madres y deciros: "Para ser bueno en algo, tienes que practicar". Cuando haces sesiones de Cambio Generativo, ya sea con un individuo o un grupo, no ha cambiado nada todavía. Lo que ha despertado la sesión es una posibilidad. Pero aún no es real. Por tanto, para poder traducir esa posibilidad en una realidad, necesitas compromiso y prácticas.

En los próximos capítulos de este libro repasaremos en profundidad cada uno de estos pasos del proceso de Coaching Generativo. Te proporcionaremos más información y ejemplos sobre cómo realizar cada paso de diversas maneras. Como aprenderás, cada paso es un viaje en sí mismo. Y, si bien los pasos ofrecen un camino claro, no es necesario seguirlos de manera rígida.

Tenemos muchas ganas de compartir contigo nuestros más de 80 años de experiencia conjunta.

Hay una vitalidad, una fuerza de vida, una aceleración que se traduce a través de ti en acción y, como siempre y en todo momento, solo existe un tú, esta expresión es única.

Si la bloqueas, nunca se manifestará por ningún otro medio y se perderá.

El mundo no la tendrá.

No depende de ti determinar lo buena que es, ni si es mejor o peor que otras expresiones.

Tu tarea es mantener el canal abierto.

Martha Graham

Capítulo 3
Primer paso
Abrir el Campo COACH

El primer paso, y quizás el más importante, en el proceso de Coaching Generativo es "abrir un campo COACH". Esto significa que tanto el coach como el cliente se encuentran en un estado de resonancia compartido en el que las ideas creativas pueden surgir fácilmente como resultado de la interacción entre ellos. En este estado y relación, tanto el coach como el cliente tienen acceso a conocimientos más allá de las limitaciones cognitivas conscientes.

Para alcanzarlo, tienes que relajarte, tienes que tomar tierra y tienes que abrirte. Tienes que lograr esta conexión de: "No soy una caja aislada, soy parte de un campo mayor creativo de conciencia asombrosa".

En la cita que viene al comienzo de este capítulo, la famosa bailarina Martha Graham habla de la importancia de "mantener tu canal abierto". El primer paso del Coaching Generativo consiste en abrir ese canal: estar C-centrado, O-abierto, A-consciente, C-conectado y capaz de H-contener lo que esté sucediendo desde un lugar de hospitalidad, ingenio, curiosidad y creatividad.

Practicar el estado COACH: abrir el canal

Lo que sigue es un prototipo básico que puedes usar para guiarte a ti mismo o a otra persona al estado COACH.

1. Siéntate o ponte de pie en una posición cómoda con ambos pies apoyados en el suelo y la columna vertebral erguida pero relajada (es decir, "en tu eje vertical"). Comprueba que tu respiración sea regular y desde el vientre (la respiración corta y rápida desde el pecho indicaría que te encuentras en un estado estresado).

2. Dirige la atención a las plantas de los pies (es decir, pon tu "mente" en tus pies). Hazte consciente del universo de sensaciones en la planta de los pies. Siente la superficie de los talones, de los dedos, la curvatura de la planta y las puntas de los pies.

3. Comienza a expandir la conciencia para incluir el cuerpo físico (el espacio tridimensional) de tus pies y a continuación asciende con la conciencia hacia la parte inferior de las piernas, las rodillas, los muslos, la pelvis y las caderas. Toma conciencia de tu centro abdominal, respira profundamente en él mientras te dices a ti mismo: "Estoy aquí". "Estoy presente". "Estoy centrado".

4. Manteniendo la conciencia en la parte inferior del cuerpo, expande la atención a través de tu plexo solar, la columna vertebral, los pulmones, la caja torácica y el pecho. Lleva la conciencia al centro del corazón, en la parte superior del pecho, y respira desde ahí mientras te dices a ti mismo: "Estoy abierto". "Me estoy abriendo".

5. Ahora continúa expandiendo tu conciencia hacia arriba a través de los hombros, brazos, codos, antebrazos, muñecas, manos y dedos, y hacia arriba por el cuello, la garganta y la cara. Asegúrate de incluir todos los sentidos de la cabeza: los ojos, los oídos, la nariz, la boca y la lengua. Lleva la conciencia al cráneo, al cerebro y al centro de tu cabeza, detrás de los ojos. Respira como si estuvieras respirando hacia el centro de la cabeza, llevando oxígeno y energía, mientras te dices a ti mismo: "Estoy despierto". "Estoy consciente". "Estoy alerta y claro".

6. Manteniéndote en contacto con las sensaciones físicas corporales, comenzando desde tus pies e incluyendo los tres centros (vientre, corazón y cabeza), toma conciencia de todo el espacio que hay por debajo de ti, que continúa hasta el centro de la Tierra; de todo el espacio por encima de ti, que llega al cielo; de todo el espacio a tu izquierda; de todo el espacio a tu derecha; de todo el espacio detrás de ti; de todo el espacio frente a ti. Siente una profunda sensación de conexión con los pies, con los centros del vientre, corazón y cabeza, y con el entorno y el campo que te rodea. Sé consciente de la amplia variedad de recursos disponibles dentro de ti

y en el campo que te rodea. Cuando puedas experimentar una conexión con este sentir de un Yo más grande, dite a ti mismo, "Estoy conectado".

7. Manteniendo la conciencia en el cuerpo y simultáneamente en el espacio que te rodea, siente un tipo de campo o un entorno, donde puedes mantener todos los recursos, la fuerza, la inteligencia y la sabiduría disponibles para ti, así como las energías perturbadoras como el miedo, la ira, la tristeza, etc. Siente la sensación de coraje y confianza para afrontar lo que se presente mientras te mantienes centrado y presente a la totalidad de ti y abierto a tu entorno. Dite a ti mismo: "Estoy listo". "Puedo contener cualquier cosa que esté aquí con curiosidad, plenitud de recursos y creatividad".

Tanto el coach como el cliente entran en un estado compartido de resonancia, donde las ideas creativas pueden surgir fácilmente como resultado de la interacción entre ellos.

Incorporar el estado COACH a un contexto de coaching

Hay muchas formas de introducir el estado COACH a un cliente en el contexto de coaching. En realidad, la forma de comenzar una conversación de Coaching Generativo con la persona que llega puede ser mediante una breve conversación informal sobre lo que le gustaría hacer en la sesión. Entonces, como coach generativo, decimos: "Genial, realmente quiero apoyarte en esto. Y creo que un buen primer paso es asegurarnos de que estés en el mejor estado posible para poder hacer un movimiento creativo hacia ese objetivo". El coach generativo podría explicar: "La razón por la que te pido que hagas esto es porque quieres algo, y para llegar allí necesitas una conexión positiva contigo mismo y con tus recursos internos. Así, para conseguir esto, me gustaría sugerir que comencemos por hacer esas conexiones positivas".

Nunca hemos tenido un cliente que diga: "No creo que eso sea una buena idea".

Hemos tenido muchos clientes que dicen: "Genial, pero ¿cómo?".

La buena noticia es que todo el mundo, en algún nivel, ya sabe cómo hacerlo. Diríamos que lo que llamamos el estado COACH es un estado psicobiológicamente necesario. Tenemos una necesidad psicobiológica de soltar nuestro ego aislado y de adentrarnos en esta experiencia más amplia de conexión con el mundo. Entonces, en el Coaching Generativo no nos enfocamos estrictamente en el estado COACH como una técnica artificial. Lo que realmente nos interesa es: ¿Cómo lo hace el cliente en su propia vida?

Por ejemplo, como coach, puedes preguntar: "Cuando necesitas relajarte: ¿qué haces? ¿Qué necesitas para sintonizar?"; "Cuando necesitas volver a conectarte contigo mismo después de haber trabajado 40 días y 40 noches: ¿cuáles son algunas de las cosas que haces?". Buscamos esos lugares y después ayudamos a los clientes a experimentar esas situaciones de manera muy activa.

Obtendremos respuestas como: practico yoga, escucho música, juego con los niños, monto a caballo o en bicicleta, bailo, camino por el bosque, canto, practico Aikido, nado, leo, medito, etc. Estas son las maneras típicas que tienen las personas de reconectar consigo mismas y con sus recursos internos, y son una buena guía sobre cómo entrar en un estado COACH.

Reavivar las experiencias COACH del cliente

Una vez que el cliente ha identificado una situación como ejemplo del estado COACH, le ayudamos a profundizar en su experiencia haciendo preguntas como: "¿De qué eres consciente que sucede dentro de ti cuando experimentas esto? ¿Cómo y dónde sientes en tu cuerpo la conexión contigo mismo y con tus recursos internos? ¿Cuáles son algunas de las cualidades que caracterizan tu estado de ser interno en esta experiencia?".

Llamamos a este proceso "Reavivar las experiencias COACH del cliente". El prototipo básico del método es:

1. Asentarse y ponerse cómodo.

2. Establecer la intención de abrir un campo COACH.

3. Pedir al cliente que identifique las experiencias COACH de su vida personal (por ejemplo: experiencias de creatividad, resiliencia, fluidez, conexión, etc.) o que desarrolle un escenario imaginario.

4. Pedir al cliente que describa lentamente los elementos sensoriales internos que son específicos de esa experiencia, haciendo pausas periódicamente para respirarlos a través de su cuerpo.

5. Repetir al cliente su descripción, experimentándola tú mismo para desarrollar un estado paralelo en ti.

Demostración de cómo reavivar las experiencias COACH del cliente

La transcripción siguiente de una sesión de coaching que hizo Steve en uno de nuestros programas ofrece una buena ilustración de cómo hacerlo.

Steve: Simplemente veamos cuál podría ser la mejor manera de trabajar juntos para que puedas salir de aquí con la sensación de: "Esto fue realmente interesante y útil".

Cliente: De acuerdo.

Steve: Para empezar, en pocas palabras, ¿tienes una idea de qué objetivo o intención sería realmente bueno para comenzar a establecer nuestra conversación?

Cliente: Sí. Ser grácil y agradecido.

Steve: ¿Estar agradecido en algún área particular de tu vida? ¿Dónde serían realmente útiles la gracia y la gratitud para ti y tal vez para otras personas?

Cliente: Creo que es tanto en el trabajo como en casa. Creo que, para mí, se trata de estar agradecido por quienes somos. Así que, ayudar a los demás y a mí mismo a estar agradecidos por quienes somos y por todo lo que somos.

Steve: Solo por curiosidad, si hubiera una imagen en color, en la que estuvieras viéndote a ti mismo en tu vida o estuvieras viendo el mundo desde este lugar de mayor gratitud: ¿cuál sería? ¿Te viene a la mente alguna imagen en particular?

Cliente: La imagen que me viene de inmediato a la mente es la de un prado alpino, con hermosas margaritas, flores, pastos y un cielo azul.

Steve: Impresionante. Para ayudar a activar el mejor lugar para experimentar la gratitud y cualquier otra cosa que pueda ir con ella, ¿hay algo más que pueda ayudarte a encontrar la mejor conexión contigo mismo?

Cliente: Ponerme de pie y sentir la tierra bajo los pies.

Steve: Hagamos eso (ambos se ponen de pie). Y tal vez puedas conectarte aquí por unos momentos (señala el centro del vientre).

Cliente: Sí (toma una respiración profunda).

Steve: Me estoy preguntando: parece que has abierto un poco de espacio dentro de ti y esperaba que pudiéramos usarlo también para establecer una pequeña conexión entre nosotros. De esa manera, podría apoyarte en lo que quieras hacer. ¿Qué toca eso en ti?

Cliente: Una tranquilidad. Un lugar muy..., sí, solo un lugar muy acogedor y tranquilo, sí.

Steve: Así que me gustaría decirle sinceramente a ese lugar: "Hola".

Cliente: (Sonríe ampliamente). Hola.

Reavivando la experiencia del estado COACH del cliente

2) RECONECTA PLENAMENTE CON UN RECUERDO DONDE HAYAS ESTADO DE MANERA NATURAL EN UN ESTADO COACH

3) DESARROLLA UN CAMPO RELACIONAL DE RESONANCIA ENTRE EL COACH Y EL CLIENTE PARA ACTIVAR UN CAMPO COACH

Profundizar en el estado COACH

Empezar con estas creativas es un buen comienzo. También es importante señalar aquí que, casi inevitablemente, la primera comprensión que la gente tiene del estado COACH es que siempre debe inducir un sentimiento positivo o un estado de completa serenidad. Pero queremos aclarar desde el principio que no es solo un estado de sentimientos positivos. Eso sería demasiado superficial. Porque en cualquier desafío significativo que afrontes, tendrás que lidiar con mucho más que lo positivo. Entonces, en un verdadero estado COACH, tendrás lo que los Budistas llaman "ecuanimidad", que significa tener la misma calidad de presencia y creatividad ante la alegría o el sufrimiento. Y para hacer frente a cualquier desafío realmente difícil, necesitas esa habilidad.

Recuerda, el estado COACH no está relacionado con ninguna respuesta emocional particular. Está en función del estado de nuestros filtros somáticos, cognitivos y relacionales. El estado de dichos filtros determina cómo experimentamos, procesamos y expresamos todo lo que nos llega a través de ellos.

La cuestión es que, en un estado COACH, realmente podría sentir alegría. También puedo estar en un estado COACH y sentir tristeza. Y puedo estar en un estado COACH y sentir frustración. Y puedo estar en un estado COACH y experimentar ira. La pregunta es ¿qué pasa con esa ira, frustración, alegría o tristeza? Cuando las mantengo en estado COACH, la forma de expresarlas abarca muchas posibilidades. Si experimentara los mismos sentimientos (frustración, ira, alegría o tristeza), y los mantuviera en un estado CRASH, no surgiría nada muy generativo. Pero si tomo la misma frustración, y me centro, me abro, pongo conciencia y me mantengo conectado con mis recursos, puede surgir algo muy creativo y útil.

Uno de los principios fundamentales del Coaching Generativo es que "ningún contenido tiene una expresión o significado fijo en y por sí mismo". Tanto si es una emoción, un pensamiento o un sentimiento, no son inherentemente positivos o negativos. Lo que hace que una respuesta particular sea un problema o un recurso es nuestra relación con ese contenido y el estado de nuestros filtros en función de cómo interactuamos con ellos.

Esto nos devuelve a la noción del círculo mayor y del círculo menor que presentamos en el Capítulo 1. En una conversación generativa, el estado COACH es el círculo mayor, y cualquier contenido que surja de la conversación —el estado actual, el estado deseado, los obstáculos, los recursos, etc. — es el contenido del círculo más pequeño.

Así, en el Coaching Generativo, ayudamos a los clientes a darse cuenta de que los estados de bienestar, a los que ya saben cómo acceder en las mejores condiciones, también deben estar disponibles y accesibles para ellos en las circunstancias más adversas. Y esta es una de las cosas que pueden aprender a hacer a través del proceso de Coaching Generativo.

Por ejemplo, si sientes miedo y lo mantienes en un estado COACH, a menudo obtienes algo así como una mayor conciencia. El miedo está ahí, pero estás conectado a algo más grande que el miedo. En un estado CRASH, si tienes miedo, terminas en pánico. Es el mismo miedo, pero la manera en que lo contengan tus filtros determinará cómo se expresará esa energía.

Por eso, decimos que, surja lo que surja en una sesión de Coaching Generativo, siempre queremos encontrarnos con ello en un estado COACH.

**En una conversación generativa, el estado COACH es el gran círculo
y cualquier contenido que surja de la conversación es el contenido
del pequeño círculo.**

No es extraño que un cliente diga: "Esto es lo que quiero" y luego comience a sentirse ansioso o comience a dudar. Una de las situaciones más comunes es lo que llamamos: "Sí, pero...". El cliente dice: "Esto es lo que quiero", pero alguien más en su interior dice: "Bueno, yo no lo quiero". En parte, a lo que nos referimos cuando hablamos del campo COACH es a crear un espacio de conversación que pueda acoger y albergar todas estas posibles respuestas.

Una forma de hablar sobre lo que estás haciendo en este primer paso es "reunir al equipo". Como señalamos en capítulos anteriores, la generatividad requiere múltiples partes complementarias (algunas de las cuales inicialmente parecen contradictorias). Necesitamos al soñador, al realista y al crítico. Necesitamos representantes de todas las partes del "holón": partes jóvenes, partes maduras, partes seguras, partes temerosas, etc. Necesitamos hacer espacio para todas ellas.

En este primer paso de la creación de un campo COACH, lo que quieres conseguir es que todo el equipo esté allí. Dado lo que el cliente quiere crear, estamos tratando de dar la bienvenida a todos los jugadores y de "reunirlos en la ceremonia del té", para que todos sean respetados y nadie monopolice el micrófono. Si solo convocas a una parte del equipo, tendrás problemas más adelante. En esta primera fase, siempre estamos procurando dar la bienvenida a todo lo que esté allí, porque lo que no sea bienvenido en este primer paso, emergerá más tarde como una resistencia, una interferencia o un obstáculo. Lo que excluyas, eventualmente dirá: "Espera un minuto. ¿Qué pasa conmigo?".

Autocalibración y autoescala

Algunos de los miembros del equipo pueden aparecer al principio en un formato CRASH: "Estoy ansioso por esto" o "No sé, he intentado esto antes y salió mal". Por eso, una cosa que nos gusta hacer, especialmente en este primer paso, es ayudar al cliente a aprender la "autocalibración". Esto significa ser consciente de cuánto estoy, o no estoy, en una mentalidad concreta o en un estado concreto. Nos gusta utilizar el proceso de "autoescala" para ayudar a la persona a calibrar el nivel de su estado COACH. Así que, tomamos el estado COACH, o los diversos elementos del estado COACH, y los ponemos en una escala de 0 a 10. En esta escala, "0" es: "Estoy completamente en un estado CRASH" y "10" es: "Estoy en el estado COACH más anclado y abierto que he experimentado nunca". A continuación, ayudamos al cliente a sentir: "¿Dónde estoy en esta escala?" en varios momentos de la sesión de coaching.

Uno de nuestros principios fundamentales es que es imposible, y probablemente ni siquiera deseable, estar en el nivel 10 todo el tiempo. De hecho, diríamos: "Lo óptimo no siempre es el máximo". No siempre deseas conducir tu automóvil a toda velocidad. Entonces, lo que buscamos es una zona, llamada la "zona de excelencia" o zona de generatividad. En lugar de un punto fijo, esta zona identifica un rango dentro de la escala en el que aún puedes ser ingenioso y potencialmente generativo. Normalmente, este rango con respecto al estado COACH es de al menos 7 o más sobre 10. Si comienza a caer por debajo de 5, 4 o 3, la persona entrará en CRASH y, esencialmente, el canal se cerrará. Los filtros se están cerrando.

Tendrás experiencias y comportamientos negativos si estás tratando de hacer algo difícil desde un nivel bajo del estado COACH. Si le preguntas a tu cliente: "¿Qué nivel de conexión positiva sientes contigo mismo en este momento?" y la persona dice: "Tres", entonces continuar no va a producir nada positivo o generativo. Primero debe mejorar su estado para estar en un lugar donde pueda confiar en sí mismo y permanecer abierto al mundo que le rodea.

Por tanto, colocamos el estado COACH en una escala móvil. No es todo o nada. De hecho, el nivel del estado COACH de un cliente puede variar bastante durante una sesión. De modo que poder rastrear lo que está sucediendo a través del proceso de autoescala es realmente útil en la sesión. Le indica al coach: "¿Estamos listos para el paso siguiente?" o "¿Necesitamos tener más recursos?".

En muchos sentidos, la autoescala es aún más útil como una herramienta que los clientes pueden utilizar en su experiencia diaria. Es muy bueno aprender a saber cuánto acceso tengo a mi estado COACH en cualquier momento. Sabiendo dónde estoy en mi estado interno, tengo la posibilidad de ajustarlo. De esta manera, puedo ponerme en las mejores condiciones para tener éxito.

Este es el prototipo del proceso que usamos para aprender a usar el autoescalado con el estado COACH.

Optimizar el estado COACH

1. Usando una escala de 0 a10, deja que te llegue un número que represente el nivel actual de tu estado COACH (donde 0 indicaría un estado CRASH completo y 10 representaría estar completamente en un estado de flujo).

2. Explora qué puedes hacer para aumentar un poco más tu estado COACH (a nivel físico, verbal, visual, experiencia de referencia, modelo a seguir, actuar "como si", etc.).

3. ¿A qué nivel ha pasado el estado COACH?

4. ¿Qué diferencia se produce? ¿Qué se ha vuelto posible ahora?

5. ¿Cómo podrías "anclar" esta herramienta para que esté disponible para ti en el futuro?

Es importante aprender a saber cuánto acceso tienes al estado COACH en cualquier momento.

Demostración de la optimización del estado COACH

La transcripción siguiente de una sesión de coaching que hizo Robert en uno de nuestros programas proporciona una buena ilustración de cómo se puede hacer esto.

Robert: Entonces, tengo curiosidad, al iniciar el proceso, ¿cuál es tu intención para esta sesión?

Cliente: Para mí, es muy importante crear un estado fuerte y consistente para desarrollar mi proyecto.

Robert: Estupendo. Eso es interesante porque es exactamente lo que vamos a hacer en este primer paso. Vamos a explorar cómo podrías trabajar para crear un estado COACH fuerte y consistente. De hecho, parte de lo que vamos a hacer es explorar cómo reconocer el nivel de ese estado COACH y fortalecer las partes que necesitan ser fortalecidas. Así que, esto me genera la curiosidad por saber si tienes una experiencia de referencia para estar en un estado creativo e ingenioso.

Cliente: Cuando hice mi propio programa de formación sobre liderazgo, tuve una fuerte sensación de este estado. Allí había 7.000 personas y traje 100 instructores al programa. Fue un Programa Juvenil Nocturno. Y ese campo COACH era muy fuerte y, en él, había muchos jóvenes con ojos vivos y luminosos.

Robert: Solo quiero decirte que al compartir esto, siento un escalofrío y una luz que me atraviesa. Por lo tanto, nos detenemos un momento y, mientras, haces una pausa y vuelves a sumergirte en esa experiencia, y respiras eso a través de ti: ¿dónde lo sientes más en tu cuerpo?

Cliente: Es como una energía que atraviesa mi cuerpo desde debajo de mis pies, desde la Tierra y a través de mi cuerpo, y va a alguna parte.

Robert: Y veo que se dibuja una sonrisa en tu rostro. ¿Tiene la energía algún color o alguna temperatura?

Cliente: Sí. Cuando esta energía viene desde abajo, es blanca, y luego es como fuegos artificiales en todas direcciones.

Robert: Y dijiste que es blanca. ¿También tiene otros colores?

Cliente: Sí. Viene hasta aquí como blanca y luego todo está coloreado.

Robert: ¿Eres consciente de algo más?

Cliente: Es como música, algún tipo de música que escucho.

Robert: ¿Música? Eso es interesante. Dices que es como música. ¿Qué escuchas?

Cliente: Se parece a la buena música rockera.

Robert: Ok, ahora lo entiendo. Fantástico. Paremos un momento y quedémonos con esto. Una de las cosas que quiero es empezar a hacer una escala de 0 a 10, donde cero es: "No estoy para nada en mi estado generativo COACH" y 10 es: "Estoy en el mejor estado que he tenido nunca". Al revisar tu interior en este momento, y si dejas que venga un número para indicar en qué nivel te encuentras ahora, ¿cuál podría ser?

Cliente: Es 8,5.

Robert: Estupendo. Encantado de ver un 8,5. Antes que nada, una pregunta: ¿De dónde vino ese número? ¿Cómo lo supiste? Porque es interesante, los números vienen de diferentes lugares en nosotros.

Cliente: De abajo hacia arriba. Pero el centro está aquí (apunta al corazón).

Robert: Solo por curiosidad, 8,5 ya es bastante alto, pero si fueras a elevarlo solo un poco más: ¿qué tendrías que hacer?

Cliente: (Comienza a estirar y alargar su columna).

Robert: Ah, eso es interesante. Algo con tu cuerpo. Lo señalo porque dijiste que parte de tu intención es poder tener un estado COACH fuerte y consistente. Entonces: ¿Qué acabas de hacer? ¿De qué te has hecho consciente?

Cliente: Quiero ponerme de pie en cierto sentido.

Robert: ¿Lo hacemos?

Cliente: (Se levanta. Robert le sigue). Así es mejor.

Robert: ¿Qué cambió para ti?

Cliente: Es mucho más fácil ir más profundo en este estado. Es como un 9.

Robert: ¿Y cómo lo sabes? ¿Qué lo hace más fácil?

Cliente: Tengo la sensación de que esta energía me atraviesa. Y hay mucha gente bonita con ojos inteligentes ahí afuera (señala al público). Y se parece mucho a aquella experiencia.

Robert: Fantástico. Entonces, solo por comentar: ¿Por qué te estoy pidiendo todos estos detalles? Porque este momento es apropiado. Podemos conseguir un buen estado de recursos en este momento. Pero lo que sucederá a lo largo de la sesión es que encontraremos obstáculos y necesitaremos todos estos recordatorios. Estos gestos. Esta imagen. Esta música. Todos ellos se convierten en anclas que puedes utilizar para recuperar este estado en situaciones difíciles.

Y de hecho, como práctica, cuando dices que has establecido eso como tu intención: ¿estabas pensando en otras situaciones en las que no es tan natural y fácil para ti tener este estado pleno de recursos?

Cliente: Cuando me canso. Doy muchas formaciones y sesiones de consultoría. Y además, tengo que desarrollar mi propio proyecto. Entonces pongo mucha energía.

Robert: Mientras dices eso, es fácil ver que el CRASH se acerca. De modo que, ahora mismo, mientras piensas en esas situaciones: ¿a qué nivel va tu estado COACH?

Cliente: Algo parecido a 4.

Robert: Una cosa que solemos decir en el proceso de Coaching Generativo es que, por supuesto, es genial si tu estado COACH está entre 8,5 y 9. Pero no tienes que ser perfecto para seguir siendo generativo. Por lo general, diríamos que, si comienzas a estar por debajo de 7 sobre 10, tu capacidad creativa comienza a disminuir rápidamente. Así, en esas situaciones de formación en las que has estado trabajando mucho, sería un poco difícil exigir: "¡Siempre debería estar en 10!". Pero el 4 probablemente comenzará a empeorar las cosas. Entonces, lo que me interesaría explorar contigo es lo que puedes hacer para volver a subir el nivel de tu estado COACH. Cuando te sintonizas con estar centrado, abierto, consciente y conectado: ¿cuál de ellos te parece que es el más débil cuando estás en 4 ? ¿Se parece más a: "He perdido mi centro" o a "no estoy tan abierto o tan consciente?". Podría ser, por supuesto, una combinación.

Pregunto esto porque parte de lo que siempre estamos tratando de hacer en el Coaching Generativo es aumentar nuestra propia autoconciencia. Si no soy consciente de algo, no puedo hacer nada al respecto. No tengo elección al respecto. Pero, incluso en ese estado CRASH, si puedo ser consciente de lo que está sucediendo, puedo empezar a tener una opción. ¿Quiero quedarme aquí o querría estar un poco más centrado o más abierto? Por tanto, ¿qué dirías en esas situaciones? ¿Qué podría ser?

Cliente: Empiezo a desconectarme del mundo exterior, estoy en una especie de capullo.

Robert: Entonces, en primer lugar, quiero decirle al capullo: "Bienvenido". Estoy seguro de que tiene cierto sentido. Estoy dando tanto ahí fuera, que una parte de mí solo quiere desconectar. Pues, bienvenida. Estoy seguro de que está ahí por una muy buena razón. Está queriendo hacer algo muy positivo. Si le dieras la bienvenida al capullo, ¿de qué te darías cuenta?

Cliente: Me ayuda a relajarme y rejuvenecer.

Robert: Para relajarse. Eso es interesante. Para rejuvenecer. Es interesante. En realidad, está tratando de que no te desconectes más y de que no estés tan cansado.

Cliente: No. Me está diciendo que es hora de recargar.

Robert: Te está diciendo que es hora de recargar. Eso es bueno. Eso es interesante. Bueno saberlo. Y tengo curiosidad: si en lugar de que tu estado COACH baje hasta 4, si pudieras mantener esa intención de recargar y mantenerte centrado, permanecer abierto y conectado, ¿a qué te conectas para que te ayude a recargar?

Cliente: Creo que me recargo con mi sueño, con mi idea, con el mundo y las personas.

Robert: De modo que aquí tenemos dos imágenes muy poderosas e interesantes. Una son los fuegos artificiales y la otra es el capullo. ¿Qué pasa con los fuegos artificiales cuando vas al capullo?

Cliente: Es como que se detienen y se quedan por aquí (señala su plexo solar).

Robert: Eso es interesante. ¿Y cómo saben que es la hora de volver?

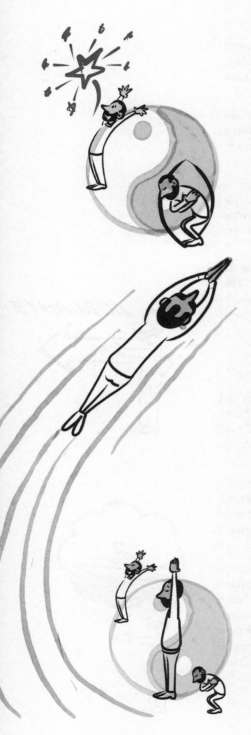

Cliente: Es como que el capullo se derrite. Y luego los fuegos artificiales comienzan de nuevo.

Robert: Eso es interesante. Tengo curiosidad, si fueras a hacer tu modelo somático del capullo: ¿cuál sería? (El cliente cruza los brazos y se inclina hacia adelante).

Eso es interesante. ¿Y cuál es tu modelo somático para los fuegos artificiales? (El cliente extiende los brazos por encima de la cabeza y se inclina hacia atrás).

Eso es interesante. Y ahora mismo, estas dos cosas están desconectadas.

Y notamos algo muy interesante. Si mi intención es ser esto (extiende los brazos por encima de su cabeza y se inclina hacia atrás) todo el tiempo: ¿qué sucede? Esto (cruza los brazos y se inclina hacia adelante) entra. Uno es el complemento del otro. Me pregunto si en lugar de hacer tanto de esto (extiende los brazos por encima de su cabeza y se inclina hacia atrás), tienes que hacer esto otro (cruza los brazos y se inclina hacia adelante): ¿qué pasa si avanzas y retrocedes suavemente entre estos dos? ¿Cómo sería eso?

Cliente: (Comienza a moverse hacia adelante y hacia atrás entre los dos gestos). Se asemeja a nadar.

Robert: (Imita el movimiento). Es nadar.

Cliente: Cuando hacemos un movimiento y luego nos permitimos deslizarnos sobre el agua y descansar un poco.

Robert: Eso es interesante.

Cliente: Eso es genial.

Robert: Ahora, cuando pienses en hacer todas esas sesiones de las que estabas hablando antes, si pudieras nadar a través de esas sesiones, ¿cómo sería eso?

Cliente: Pienso que a veces lo hago así. Pero a veces quiero nadar aún más rápido y hago muchos movimientos y esfuerzos innecesarios.

Robert: Esto es interesante. Démosle la bienvenida a esto también. Hay algo en ti que quiere nadar más rápido y hace movimientos innecesarios. Bienvenido. ¿Dónde está esa parte tuya que quiere ir más rápido?

Cliente: Me siento como un vector de dirección, desde el plexo solar y haciendo este tipo de movimiento (hace un gesto rápido con la mano derecha y el brazo hacia fuera desde el plexo solar).

Robert: Bienvenido.

Cliente: Y tiene una palabra: "Adelante".

Robert: Bienvenido a otro miembro del equipo. Tengo curiosidad, si pudieras hacer ese gesto un poco más despacio y desde un estado COACH, honrando esta intención de seguir adelante: ¿qué pasaría?

Cliente: (Hace el gesto más lentamente, haciendo una pausa entre cada movimiento). Es como un bote cuando remas, o después del movimiento, como deslizarse sobre el agua. Y es un movimiento fácil, creativo y libre.

Robert: Sé por mi propia experiencia de remar que si mueves los remos demasiado rápido, en realidad no vas más rápido. Necesitas darles tiempo para deslizarse. Entonces, tengo curiosidad en este momento, si te giras hacia esos fuegos artificiales, hacia el capullo, hacia este deseo de seguir adelante, y haces ese movimiento de remar, ¿qué sucede?

Cliente: (Hace un movimiento de remo suave y rítmico). Hay un bote que se desliza fácilmente sobre el agua y con muchos fuegos artificiales alrededor de él. Y también es como un paseo que trae placer y alegría.

Robert: Entonces, revisemos nuevamente cuando te pones a pensar en esas veces que haces muchas sesiones. Hace unos minutos, cuando lo pensabas, tu estado COACH bajó a 4. ¿Qué sucede ahora cuando piensas en esas mismas situaciones?

Cliente: Quiero hacer un pequeño movimiento de remar y disfrutar del movimiento del bote y luego hacer esto (hace el gesto de remar) nuevamente y deslizarme fácilmente sobre el agua. Y esto es realmente creativo.

Robert: ¿En qué número dirías que está tu estado COACH cuando haces eso?

Cliente: 9,5. Dejemos este medio punto para el futuro (sonríe ampliamente).

Optimizar el estado COACH

1) AYUDA AL CLIENTE A ACCEDER A UN NIVEL ÓPTIMO DE SU ESTADO COACH.

3) DEJA QUE EL CUERPO GUÍE. ¿QUÉ SUCEDE CUANDO PASAS LENTAMENTE DE UN ESTADO A OTRO?

2) CONTRÁSTALO CON UNA SITUACIÓN EN LA QUE EL ESTADO COACH SEA MENOR QUE 7.

TO DO

Esta demostración ilustra que con mucha frecuencia, al principio, las personas tendrán un mapa fijo de lo que es el estado COACH. En este caso, era algo así como fuegos artificiales. Pero entonces pensamos en lo que sucede con los fuegos artificiales: se queman. Entonces, estaban equilibrados por el "capullo", cuya intención era rejuvenecer. Un proceso generativo siempre implica este tipo de conversación entre opuestos. Haciendo referencia a la filosofía china, podemos decir que tu Yang necesita ser equilibrado por tu Yin. Una gran parte de lo que queremos hacer en el Coaching Generativo es devolver estas representaciones a un estado más flexible. Así, en lugar de fuegos artificiales frente a un capullo, tenemos algo como "nadar". Es una representación nueva y diferente. Juntar estos elementos en un estado COACH nos permite incluir ambas partes en una nueva representación.

En este caso, había otra parte que quería avanzar rápidamente. Pero intentar avanzar demasiado rápido también desencadenaría la reacción del capullo. Y, una vez más, en lugar de tratar de deshacernos de esa parte, le decimos: "Bienvenida. ¿Cuál es tu representación de esto? ¿Cómo podemos ajustar tus filtros COACH para incluir esa parte y poner su expresión en un estado más fluido?".

Exploraremos más detenidamente esta dinámica entre complementariedades en nuestro capítulo sobre el paso 5, que trata sobre la transformación de obstáculos.

Fortalecer el campo COACH

En las dos demostraciones que hemos presentado en este capítulo, Steve y Robert reflejan los gestos y movimientos de sus clientes, y retroalimentan las cosas que los clientes han dicho. Esto guarda relación con la noción de crear un campo COACH, que surge de la resonancia entre los estados del coach y del cliente. Si el coach simplemente está sentado y observa al cliente hacer su gesto, entonces somos "él y yo". "Yo" y "tu" están separados. Lo que queremos crear es el campo del "nosotros". Esta también es la razón por la que a menudo compartimos con nuestros clientes algunas de las cosas que suceden dentro de nosotros cuando el cliente está hablando o haciendo un gesto. Un campo COACH es siempre un "nosotros", no es "tu estado" y "mi estado", es "nuestro estado".

Una vez que un cliente ha comenzado a tener una comprensión y algunas buenas experiencias de referencia del estado COACH, se puede desarrollar un campo COACH más fuerte entre el coach y el cliente a través de prácticas como las siguientes.

Fortalecer el campo COACH

1. Sentaos uno frente al otro en una postura relajada, alineada y equilibrada.

2. Traed vuestra conciencia al cuerpo y a la respiración, y sentíos presentes.

3. Manteniendo el contacto visual, tomad turnos para hacer las siguientes declaraciones cada uno al otro:

   Invito a la cualidad de centrarme en mí mismo y en el espacio de la relación entre nosotros.

   Invito a la energía de apertura a mí mismo y al espacio de la relación entre nosotros.

   Invito a una mayor conciencia dentro de mí mismo y del espacio de la relación entre nosotros.

   Invito a una mayor sensación de conexión conmigo mismo y en la relación entre nosotros.

   Me comprometo a mantener todo lo que surja dentro de mí y dentro del espacio de nuestra relación.

4. Compartid lo que sentís que está presente en el campo de la relación; p. ej.: "Siento tanto la fuerza como la tristeza en el espacio entre nosotros".

5. Estableced vuestra intención para la duración de la interacción que vais a tener; p. ej.: "Mi intención es mantenerme conectado con mi creatividad y mi humor a lo largo de nuestra interacción de hoy".

Cuando el coach y el cliente hayan creado un campo COACH sólido (un nivel de 7 o más, sobre 10), estáis preparados para continuar con el paso 2: Aclarar y establecer la intención para la sesión de coaching.

No obstante, es importante tener en cuenta que no nos olvidamos del estado COACH y del campo COACH después del paso 1. Al contrario, siempre es el enfoque principal de un buen coach generativo. Nos gusta señalar que, si el estado COACH del cliente ha caído por debajo de 7, tienes unos cinco segundos para ayudarlo a regresar al estado COACH antes de que atraviese un punto de inflexión y su capacidad de resiliencia desaparezca. Si el cliente comienza a descender en espiral a 5, 4, 3, etc., y entra en un fuerte estado CRASH, esencialmente tienes que detenerte y restablecer toda la interacción.

Mira más allá de ti mismo.
Las llaves
del deseo de tu corazón
están más allá de los ojos y los oídos
que sostienes contra el mundo
y no es posible reclamarlas
ni siquiera corrigiendo
los daños que has sufrido en la vida.
El pasado
no es un sendero
hacia la plenitud.
Tu historia
sirve para que aprendas
y no para que vivas.
La pasión vive
en el presente
y en el futuro
que ahora te aguarda
listo para realizar
tu anhelo más profundo.

Nick LeForce

Capítulo 4

Segundo paso
Establecer intenciones/objetivos

El segundo de nuestros seis pasos del Coaching Generativo consiste en establecer una intención. El propósito de establecer una intención es activar nuestra conciencia creativa hacia un futuro positivo y significativo, al definir una dirección clara. Incluso, si aún no conoces los detalles de tu destino, deseas establecer la dirección. La pregunta que solemos hacer es: "¿Qué es lo que más quieres crear en tu vida?". Este es un paso crucial del proceso de Coaching Generativo. ¿Cuál es el futuro positivo y significativo que deseas traer al mundo? Como dice Nick LeForce en el poema anterior: "La pasión vive en el presente y en el futuro que ahora te aguarda listo para realizar tu anhelo más profundo". En Coaching Generativo, queremos trabajar con ese deseo más profundo.

La palabra "intención" se deriva del latín intendere, que literalmente significa "estirar" o "extender". La intención se define típicamente como: "el propósito, fin o meta hacia el cual se dirigen los pensamientos"; o como: "un resultado anticipado que guía tus acciones planificadas". También se utiliza en el sentido de: "la determinación de actuar de cierta manera". Por lo tanto, las intenciones son lo que queremos o esperamos lograr a través de nuestra actividad.

Una persona con la intención de "ayudar", por ejemplo, puede que no sepa exactamente lo que va a hacer ni lo que necesitará hacer, pero está lista y dispuesta a participar en cierta cantidad de acciones específicas que le permitan satisfacer esa intención general. En este sentido, las intenciones son generativas.

El premio Nobel Mohammad Yunus es un buen ejemplo de ello. Cuando su país natal, Bangladesh, se convirtió en una nación independiente a principios de la década de 1970, Yunus regresó de estudiar en Estados Unidos con la intención de ayudar a la gran cantidad de personas empobrecidas de su país. No sabía bien lo que iba a hacer. Solo sabía que tenía la intención de encontrar una manera de ayudar. En 1976, durante las visitas a los hogares más pobres en una aldea local, Yunus descubrió que préstamos muy pequeños podían generar una gran diferencia para una persona pobre. Yunus prestó 27 dólares de su dinero a 42 mujeres de la aldea para comprar bambú y fabricar muebles de bambú. Trabajando juntas y apoyándose mutuamente, pudieron devolver el préstamo y aún así obtener una buena ganancia. Yunus, finalmente, desarrolló este enfoque en el concepto de microcrédito, por el que recibió el Premio Nobel de la Paz en 2006. Su intención de "ayudar" le guió a crear un modelo completamente nuevo para los negocios sociales.

Del mismo modo, la intención de "aportar energía positiva" o "mantenerse centrado" puede tener muchas expresiones específicas diferentes. Desde esta perspectiva, una intención es un tipo de filtro que dirige nuestra atención y pone en primer plano ciertos recursos, habilidades y acciones.

Definir una intención para el Cambio Generativo

Como hemos señalado, el propósito del segundo paso es ayudar al cliente a orientar su enfoque hacia la creación de un futuro positivo y significativo para sí mismo y para los demás. El tipo de preguntas que solemos hacer es:

* ¿Qué es lo que más quieres crear?

* ¿Cuál es tu visión o sueño para una vida mejor?

* ¿Qué estás "llamado" a hacer o en qué estás llamado a convertirte?

* ¿Cuál es tu anhelo más profundo?

Para que una intención sea viable en una sesión de coaching, debe dirigirse hacia algún contexto o ámbito de aplicación. En nuestro trabajo de Coaching Generativo, identificamos tres ámbitos de aplicación básicos para la intención creativa:

1. Vida profesional: relaciones laborales, relación con el dinero, el tiempo, etc.

2. Relaciones personales: familia, relaciones íntimas, hijos, amigos, etc.

3. Relación con uno mismo: cuerpo, salud, mi yo futuro, mi yo pasado, etc.

Una intención puede estar dirigida a: la relación con uno mismo, las relaciones personales o la vida profesional.

Lecciones de los moribundos

A veces, para ayudar a un cliente a dar sentido a una intención significativa, le preguntaremos lo contrario: "¿De qué te arrepentirías por no haber hecho o creado en tu vida?". Bronnie Ware es una enfermera australiana que pasó varios años trabajando en cuidados paliativos, cuidando pacientes en las últimas doce semanas de su vida. En su libro *Los cinco principales arrepentimientos de los moribundos*, grabó sus conversaciones sobre cualquier arrepentimiento que las personas tuvieran o lo que harían de otra manera en su vida. La mayoría no había cumplido ni la mitad de sus sueños. Llegaron ante la muerte dándose cuenta de que esta era una elección que habían hecho, y lamentaron profundamente no haber vivido sus sueños, ni siquiera parte de ellos. Como dijo el dramaturgo irlandés George Bernard Shaw, "la mayoría de la gente se va a la tumba con la música todavía en su interior". Los cinco principales arrepentimientos son:

1. Ojalá hubiera tenido el coraje para vivir una vida fiel a mí mismo, no la que otros esperaban de mí.

2. Ojalá no hubiera trabajado tan duro.

3. Ojalá hubiera tenido el coraje para expresar mis sentimientos.

4. Ojalá hubiera mantenido el contacto con mis amigos.

5. Ojalá me hubiera permitido ser más feliz.

Reflexionar sobre estas áreas de arrepentimiento a menudo puede ofrecer una guía para que los clientes examinen las áreas de sus vidas en las que actualmente no están siendo generativos.

Ni demasiado tenso. Ni demasiado flojo.

Un aspecto esencial para realizar eficazmente el segundo paso es cómo representar y expresar la intención una vez que se ha establecido. Hay un dicho sabio que afirma: "La energía fluye hacia donde ponemos la atención". Dónde ponemos nuestra atención determina a qué dedicamos nuestra energía. Si definimos una intención de forma demasiado estrecha, no hay lugar para la energía creativa. Si una intención es demasiado vaga y no toma tierra, la energía creativa no tiene un lugar al que dirigirse.

Errol Flynn, la estrella de una serie de películas clásicas de espadachines de la Era Dorada de Hollywood, en realidad era un experto espadachín. Cuando se le preguntó cómo se ha de sostener una espada correctamente, el actor respondió: "De la misma manera que sostendrías un pájaro, ni demasiado tenso ni demasiado flojo. Si la sostienes con demasiada fuerza, el pájaro muere, pero si la sostienes con demasiada holgura, saldrá volando y te quedarás sin nada".

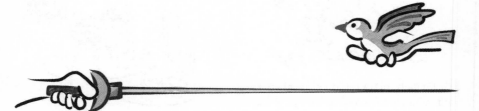

Esta es una buena metáfora de cómo mantener una intención de Cambio Generativo. Si es demasiado específica y detallada, no hay lugar para la generatividad. Si es demasiado vaga y no está enraizada, la acción creativa no tiene dirección. Nos gusta decir que la intención debe "relucir". Esto significa que tiene una figura definida, pero no una forma rígida y fija. Siempre estamos buscando ese equilibrio que nos da la posibilidad de un "flujo disciplinado".

El coaching tradicional aplica ciertas condiciones para que la meta esté bien formada, y una de ellas viene dada por el acrónimo SMART (listo, inteligente): eSpecífica, Medible, Alcanzable, Relevante y acotada en el Tiempo. Un ejemplo podría ser: "Quiero perder dos kilos en las próximas dos semanas". Esto, por supuesto, está bien para el coaching tradicional, pero es como decir: "Quiero tomar mi primera taza de café o té mañana antes de las 9 de la mañana". No hay mucha generatividad involucrada. Hay muchos objetivos que no requieren creatividad.

En cambio, en el ejemplo citado anteriormente, Mohammad Yunus no habría podido decir: "Quiero ir a Bangladesh, inventar el microcrédito en 1976 y obtener el premio Nobel en 2006".

En el Coaching Generativo, siempre buscamos que el equilibrio de la intención sea lo suficientemente específico como para involucrar una acción creativa, pero lo suficientemente abierto para incluir muchas posibilidades.

Por tanto, si un cliente es demasiado específico con respecto a su intención, le preguntaremos: "¿Qué hará eso por ti?". Por ejemplo, si un cliente dice: "Quiero perder dos kilos en las próximas dos semanas", le preguntaremos: "¿Qué te aportará perder dos kilos en las próximas dos semanas?". El cliente podría responder algo como: "Tendré más energía y sentiré más una sensación de equilibrio interno". Esto puede convertirse en una intención que tenga muchas otras expresiones y manifestaciones posibles.

Si un cliente es demasiado vago con respecto a su intención, le preguntaremos: "¿Cuál sería una situación concreta y un ejemplo de esa intención?". Por ejemplo, si un cliente dice que su intención es "conectar", le preguntaremos: "¿Con quién o con qué es más importante para ti conectar?". Quizás el cliente respondería: "Quiero volver a conectar con mi hija". Esto puede convertirse en una fuente de acciones creativas.

Representar una intención para el Cambio Generativo

En una sesión de Coaching Generativo, normalmente te sentarás con el cliente y hablarás de manera breve e informal sobre lo que quiere lograr en la sesión. La mayoría de la gente necesita hablar un poco de manera informal. Después comenzaríamos a orientarnos de manera más formal hacia el primer paso y la creación de un buen campo COACH. A partir de ahí, pasamos a lo que podría llamarse la representación formal de su intención para la sesión de Coaching Generativo. Esta representación "formal" de una intención para el Cambio Generativo tiene tres condiciones clave. Debe incluir las siguientes tres modalidades:

1. Afirmación Verbal (positiva, concisa, resonante)

2. Imagen visual (en color, literal o simbólica)

3. Modelo Somático (postura, gesto y movimiento)

Para iniciar la acción creativa, tienes que verbalizar la intención, tienes que visualizarla y tienes que traerla al cuerpo a fin de sostenerla. Porque vas a encontrar mucha resistencia a cualquier tipo de cambio significativo. Por tanto, si mantienes la intención en una sola modalidad (palabras, imágenes visuales o expresiones somáticas), es probable que la pierdas muy pronto por el camino.

En el coaching tradicional, las personas a menudo solo representan el estado deseado con palabras. Existe la idea de que si obtienes más detalles del resultado que quieres en palabras, de alguna manera es más claro. Sin embargo, en general hemos visto que cuando comenzamos a poner más palabras, la intención se vuelve menos clara, o más desconectada de las emociones y acciones. De modo que es aquí donde queremos involucrar múltiples inteligencias.

Por lo tanto, una vez que se ha establecido un buen estado COACH, el Coach Generativo diría: "Ahora, sintonicemos un poco más con esta intención. Te voy a pedir que la expreses con palabras simples y positivas". Ahora bien, "positivo" no significa simplemente bueno. Significa: "¿Qué es lo que realmente quieres crear, lograr o experimentar?".

Si alguien dice: "Bueno, quiero dejar de hacer esto" o "No quiero hacer algo", le preguntamos: "Entonces, ¿qué quieres?". Esto es lo que queremos decir con positivo. Se trata de ir hacia algo significativo que el cliente quiere, en lugar de simplemente alejarse de algo que no quiere. Si un cliente dice: "Solo quiero no sentirme tan mal en mi relación íntima", le preguntamos: "Entonces, ¿qué tipo de relación satisfactoria con tu pareja deseas crear?".

Otro aspecto de la noción de "positivo" es que se trata de algo con un significado profundo y personal para el cliente, y no simplemente una acción o logro superficial. Si la intención de un cliente es "cambiar a los demás" o "lograr el éxito" o "deshacerse del dolor", preguntamos: "¿Qué diferencia haría eso en cómo te sientes contigo mismo? ¿Qué te da eso que sea importante?". Por ejemplo, el cliente podría darse cuenta de que "si no estuviera tan ansioso, me sentiría más tranquilo y confiado". "Si pudiera hacer que mi hija dejara de consumir drogas, sentiría amor por mí misma como madre". Esto ayuda a dirigir la atención del cliente y su energía creativa hacia un "holón" más completo de su existencia.

La segunda condición es que la declaración verbal debe ser concisa. Y tenemos una pequeña regla en el Coaching Generativo: tienes cinco a siete palabras como máximo para la declaración formal de la intención. Le pedimos al cliente que diga: "Lo que realmente quiero crear es...", y desde ese momento tienen de cinco a siete palabras. Le damos al cliente la primera parte de la declaración de forma gratuita. Esas primeras palabras no cuentan como parte del límite de cinco palabras. Pero, una vez que llegan al final del trampolín — "Lo que realmente quiero crear es..."—, solemos levantar una mano y contamos con los dedos cuántas palabras se usan. Esto se debe a que la mayoría de las personas superan rápidamente el límite. Diremos con humor: "Bip. Lo siento. Has superado el límite. Inténtalo otra vez".

Hacemos esto porque lo realmente importante es centrar la atención en la intención y decirla de la manera más sencilla posible. Cuando comienzas a usar muchas palabras, lo que sucede es que esencialmente te estás moviendo hacia la mente cognitiva. Empiezas a diluir la intención con "Me gustaría, pero..., y luego puede ser esto también". O, "Déjame explicarte un poco más sobre esta parte y...". Todo eso diluye el poder de la intención.

No solo eso, sino que todas las investigaciones muestran que cuando dices más de nueve palabras, comienzas a olvidar. Entonces, si te digo lo que quiero en 150 palabras y mañana me preguntas: "Una vez más: ¿qué era lo que querías?". La gente responderá: "Bueno, lo que quería era..., ¿qué era?..., no sé, algo sobre la felicidad". Una palabra. Por lo tanto, queremos centrarnos en esas pocas palabras clave que la persona recordará durante un período de tiempo prolongado.

Por eso tenemos la tercera condición: las palabras tienen que resonar en el cuerpo. Este es uno de los hallazgos de investigación más importantes, que las palabras tienen un poder mágico cuando resuenan en algún lugar del cuerpo. Entonces, queremos que la declaración de la intención sea positiva, concisa y resonante. A medida que el cliente verbaliza su intención, tienes que mirar y sentir: "¿Parece que está resonando en su cuerpo?". Si solo está en su cabeza, no va a suceder. Si no sientes ninguna resonancia, dile: "Sabes, me parece importante pero, mientras lo dices, estoy tratando de sentir dónde vive realmente en tu cuerpo". Una vez más, hasta que las palabras comiencen a despertar algo en el cuerpo y en el resto del sistema nervioso, solo son palabras.

Y, en términos de lo que llamamos el "campo COACH", el enunciado no solo debe ser resonante para el cliente. También tiene que ser resonante en tu cuerpo como coach. Nos gusta decir a nuestros clientes: "Si no puedo sentirlo, probablemente nadie más lo sentirá. Estoy realmente disponible. Estoy tratando de abrirme para sentir lo que realmente quieres. Quiero sentir que me tocas con lo que traes".

Diremos: "Hasta que no puedas tocar a al menos otra persona con tu sueño, no se hará realidad". Esa es una de las cosas que haces como coach generativo. Estás representando a la comunidad y al mundo en general. Le indicamos al cliente que "eso no se manifestará en el mundo hasta que toque a la gente". Como afirmó Steve Jobs: "Si sueñas solo, sigues siendo un soñador. Si sueñas con otros, cambias el mundo". Por eso, tienes que poder tocar a los demás con tu sueño.

Una vez que los clientes pueden verbalizar su intención de manera positiva, concisa y resonante, necesitan visualizarla. Debe haber una imagen en color que vaya con las palabras. A veces, la imagen vendrá espontáneamente. Otras veces, preguntaremos: "¿Cuál sería la imagen visual que acompaña a esas palabras?". Las imágenes visuales pueden ser imágenes metafóricas o pueden ser imágenes de la realidad social, como una imagen literal. Puede ser bueno tener ambas. Si todo son solo delfines y ángeles, se convierte en algo poco enraizado en la realidad clásica. Por otro lado, si el cliente dice: "Me veo sentado en una silla diciendo esto y haciendo aquello", el potencial para una gran creatividad desaparece. Por lo tanto, es bueno obtener una imagen soñadora y una imagen más realista de la intención.

Finalmente, el cliente tiene que encarnar la intención. Hasta que no pase a través de su cuerpo, solo es una idea interesante. Hay un sabio proverbio de Papúa Nueva Guinea que dice: "El conocimiento es solo un rumor hasta que está en el músculo". En el Coaching Generativo, adaptamos eso para decir: "Una intención es solo un deseo vacío hasta que está en el músculo".

Entonces, le diremos al cliente: "Si le pides a tu cuerpo que haga un movimiento que represente esa intención: ¿Puedes mostrarme cómo sería? ¿Cuál es el modelo somático que acompaña a tus palabras e imágenes?".

Expresar la intención

En resumen, ayudamos al cliente a traducir la intención en una simple declaración compuesta de tres partes. Hablamos un poco con él informalmente sobre lo que quiere, y luego conseguimos una buena conexión COACH. Y después, pedimos al cliente que diga, al menos un par de veces, esta declaración en tres partes:

1. Lo que más deseo crear en mi vida es... (Cinco a siete palabras como máximo).

2. Y si tuviera que sentir una imagen que fuera con esto, sería...

3. Y si mi cuerpo hiciera un movimiento que representase mi intención, sería...

Como coach generativo, te estás sumergiendo en la pregunta y viendo qué palabras, imagen y movimientos emergen. Una de las formas de saber que tienes un buen campo COACH es que las respuestas le llegan espontáneamente al cliente. No tiene que encontrar la respuesta. Le viene. Y con frecuencia eso es una sorpresa. Un cliente dice: "No sé por qué me viene esto, pero es esto (palabra/imagen/gesto)". Entonces, lo dejas emerger. Y en un estado generativo, lo hará. No tienes que hacer nada para que se produzca. Simplemente, emerge.

Los pasos siguientes constituyen uno de nuestros prototipos básicos para expresar una intención en el Coaching Generativo:

1. Ponerse cómodo, centrarse.

2. Abrir un campo COACH y llevar la atención a la intención del cliente.

3. El cliente dice:

– Lo que más quiero crear en mi vida es (declaración verbal).

– La imagen que va con esto es _____.

– Y el modelo somático de esto es _____ (mostrar movimiento).

4. El coach se toma su tiempo para recibir e incorporar cada declaración y, a continuación, ofrece retroalimentación:

–Escucho que lo que quieres crear es _____ (repetir declaración verbal).

–Y las imágenes que van con eso son _____ (retroalimentar imágenes).

–Y un modelo somático de eso es _____ (imitar el movimiento).

–¡Y para esto te doy todo, todo mi apoyo!

5. El coach invita al cliente a repetir el proceso tres o cuatro veces, con el mismo contenido o diferente.

Demostración de cómo expresar la intención

Lo siguiente es una transcripción de una sesión de coaching que Steve realizó en uno de nuestros programas en el que, después de establecer un estado COACH con el cliente, le guía a través del proceso de establecer una intención.

Steve: Exploremos tu intención para esta sesión. Entonces, hay tres declaraciones que quiero invitarte a hacer, avanzando muy lenta y cuidadosamente, notando lo que toca cada palabra: lo que despierta. La primera es: "Lo que más quiero crear en mi vida es..."

Cliente: Lo que más quiero crear en mi vida es... una sensación de paz interior.

Steve: Respiremos con eso. Impresionante. "Paz interior". Luego, la segunda declaración es: "Si permito que venga una imagen visual que vaya con eso, podría ser...".

Cliente: Tengo una imagen de olas llegando a la orilla con el sol poniéndose. Hay una bella luz naranja brillando sobre las olas que llegan hasta la orilla y se desvanecen. Y la próxima ola que llega por sí misma es igual de bella. Solo hay ola tras ola.

Steve: Eso es genial. Entonces, una bella imagen en color de las olas y la orilla, y el color naranja.

Cliente: Un naranja dorado y el sol poniéndose en la distancia, y solo esta bella luz brillante.

Steve: Bueno. Dejemos ir las palabras y simplemente respira eso hacia arriba y hacia abajo por tu columna vertebral. No quieres demasiadas palabras porque no quieres quedarte atrapado en la cabeza, pero usa las palabras para nombrar la imagen y luego deja que esa imagen te lleve donde sea. Quizás puedas mirarme al hacer esta última afirmación. Dí: "Si dejo que mi cuerpo haga un movimiento simple que represente esa intención, tal vez sea...", y también te invito a decir la declaración en voz alta.

Cliente: Lo que más me gustaría crear en mi vida es el estado de paz interior. Y el movimiento que va con esto sería... (Hace un gesto rítmico con ambos brazos arriba y abajo frente a su cuerpo).

Steve: Eso es genial. Bienvenido. Bienvenido.

Entonces, decir algo verbalmente en voz alta es una forma de llevar tu imaginación al mundo exterior. Y puedes hacerlo por ti mismo, que es lo que animo a hacer a los clientes como práctica matutina o antes de una gran presentación. Expresa tus intenciones en voz alta. Luego, vuelve al estado de descanso.

Genial. ¿Qué tal si lo probamos una vez más? Ahora solo veremos lo que surge nuevo esta vez. Podría ser la declaración anterior, pero a menudo es un poco diferente. Entonces, "Lo que más quiero crear es..." Y solo te invito a que mires aquí (señala el espacio entre los dos).

Cliente: Lo que más quiero crear es... humor.

QUIERO HUMOR

Steve: Eso es interesante. Entonces, también quieres crear humor. Y, de nuevo, si sintonizas la parte visual de tu río y sigues ese hilo de "Quiero humor, quiero paz": ¿qué imagen visual vendría con eso?

Cliente: Interesante. Una imagen muy poderosa de la sonrisa de Buda.

Steve: Oh, la sonrisa de Buda. Genial. Démosle la bienvenida a la sonrisa de ese Buda. Eso es genial.

Y "si dejo que mi cuerpo haga un movimiento que vaya con eso...".

Cliente: (Hace un gesto circular rítmico con ambos brazos alejándose y volviendo hacia su cuerpo).

Steve: Eso es bueno. Respiremos con eso. Siento como si estuvieras tocando algunas cosas realmente importantes para esta próxima parte de tu viaje. Paz, vivir con paz, vivir con humor, el atardecer, el agua, el Buda, ese movimiento. Bienvenidos. Solo observa cómo tu mente puede comenzar a reunir todas esas palabras e imágenes en una bella constelación que comienza a hacerse visible en el mundo. Bienvenida. Bienvenida. Bienvenida. ¿Hay algún voto o compromiso simple que quieras derivar de esta experiencia?

Cliente: Sí. Lo que pretendo hacer es quedarme con esto e incluir esta bella imagen y este bello sentimiento en mis prácticas diarias, y asegurarme de practicarlo para que se convierta en mi estado predeterminado.

Steve: Te doy todo mi apoyo para eso.

Cliente: Gracias.

Un aspecto importante a tener en cuenta de esta demostración son los pasos que dio Steve para mantener al cliente conectado al campo relacional generativo. El comentario de Steve: "Quizás puedas estar mirándome para esta última afirmación" y su gesto hacia el espacio entre los dos sirve para evitar que el cliente se aísle en su propio mapa personal del mundo, y se mantenga conectado con el potencial generativo en la relación de coaching.

Variar tu enfoque para adaptarte al cliente

A veces, los clientes tendrán dificultades para expresar en palabras su intención. Entonces, el coach podría simplemente preguntar: "Bueno: ¿tienes una imagen?". O podría decir: "Enséñame primero tu modelo somático". Con frecuencia encontramos que las personas "no pueden conseguir una imagen" y les decimos: "Bueno, muéstrame tu intención con el cuerpo". Después de hacerlo, dirán: "Oh, acabo de verlo. Ahora veo la imagen".

De modo que, aunque normalmente podemos comenzar con las palabras, seguir con la imagen y terminar con el modelo somático, no es un orden rígido. Para algunas personas, primero va a hablar su cuerpo y, luego, pueden encontrar esas palabras simples. Algunas son naturalmente más verbales; otras, más visuales; y otras son más somáticas. Como coach generativo, podemos adaptarnos a sus necesidades y estilos de pensamiento.

Demostración de cómo variar tu enfoque para adaptarte al cliente

Lo siguiente es una transcripción de una sesión de coaching que Robert realizó en uno de nuestros programas en el que, después de establecer un campo COACH, guió a un cliente hacia una variante de la expresión de la intención.

Robert: Entonces, ¿cuál es tu intención? ¿Qué crearías que fuera realmente importante para ti?

Cliente: He estado jugando con esta idea los últimos días, la de crear y ayudar a manifestar un entorno creativo.

Robert: Ayudar a manifestar un entorno creativo. ¿Hay un área en particular de tu vida o un contexto en el que sería importante hacer esto?

Cliente: El área profesional. Bien creando equipos o creando la situación adecuada para que los equipos innoven.

Robert: Como dices, en parte solo por mi propio interés personal, encuentro muy emocionante esta idea de manifestar un entorno creativo. Tengo una sensación como de: "Oh, sí, está bien. Esto suena realmente genial". ¿En qué medida resuena plenamente contigo cuando hablas de "manifestar un entorno creativo"?

Cliente: También me emociono mucho (sonríe ampliamente).

Robert: Y parece bastante concreto.

Cliente: Sí, es deliberadamente concreto para que así pueda funcionar a varios niveles distintos. Ayudar a que haya una comunicación más eficaz entre una o dos personas, o dentro de un grupo, y dentro de un equipo.

Robert: Estupendo. ¿Y tienes alguna imagen en particular que vaya con esta intención?

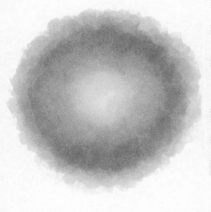

Cliente: En realidad, no había estado pensando en una imagen anteriormente. He tenido la sensación de un color. He tenido la sensación de un azul maravilloso. Es bastante nebuloso, no hay una imagen clara.

Robert: De hecho, a veces encuentro que las imágenes se vuelven más claras cuando antes haces un gesto somático. Noté que hiciste espontáneamente algunos gestos mientras hablabas. ¿Tienes un gesto y un movimiento específico para tu intención de ayudar a manifestar un entorno creativo?

Cliente: Sí, es algo como esto (manos y brazos gesticulando desde el cuerpo). Es como tirar muchos Legos al suelo (risas), que es una especie de metáfora perfecta para: "Vamos a construir algo y crear el entorno adecuado".

Robert: Bueno, hay una especie de imagen ahí, ¿no?

Cliente: Claro, pero sí (risas), eso es una imagen, tienes razón.

Robert: Me encanta eso. De acuerdo, algo así como: "tirar estos Legos al suelo". Y tal vez, además, haya una manera de que algo azul vaya con eso. No lo sé.

Cliente: (Risas). Claro, así es, una especie de sensación de color azul claro en la habitación que me ayuda a mantener el estado COACH, creo.

Robert: Impresionante.

En resumen, el segundo paso trata esencialmente de abrirse al campo cuántico de infinitas posibilidades y luego elegir, de esas posibilidades, las que más resuenen en tu corazón, tu cuerpo y tu cabeza. En el Coaching Generativo, lo hacemos de una manera muy sólida en lugar de basarlo solo en un enfoque verbal e intelectual. Queremos que el cliente pueda decirlo de forma sencilla, sentirlo, verlo y mostrarlo con su cuerpo. Si no tiene una intención que realmente resuene en su cuerpo, en su visión y en unas palabras simples, puede estar conectado a posibilidades, pero ninguna de ellas se realizará.

La siguiente parte del proceso de coaching, el tercer paso, trata de reunir los recursos necesarios para comenzar a llevar la intención a una acción concreta.

La Variable

Acuérdate de sentarte contigo mismo cada día
y dejarte caer en estados
que no sabes limitar,
en pensamientos que no puedes empaquetar
y enviar a otros,
en momentos que no puedes vestir de gala
y sacar a pasear ese día.

Tómate el tiempo de caminar desacompasado,
y de salir del tiempo;
para exprimirte
a través de ese estrecho espacio
entre preguntas y respuestas
hacia el abismo que llamamos vida
donde, incluso por un solo instante,
todo es posible;

luego esparce ese sentimiento
como mermelada
a lo largo de tu vida.
Deja que endulce tu día.
Que sea la variable
en la ecuación de tus hábitos
que orquesta pequeñas sorpresas
de tanto en tanto,
lo suficiente para recordarte
que siempre hay más de lo que sabes.

Nick LeForce

Capítulo 5

Tercer paso
Establecer un estado generativo

El tercer paso del proceso de Coaching Generativo es establecer un estado de rendimiento creativo de alta calidad. El objetivo de este paso es desarrollar y mantener la conciencia creativa en niveles óptimos. Una vez que tengas claridad sobre la dirección en la que deseas moverte al definir tu intención en el segundo paso, la siguiente pregunta es: "¿Cómo organizas tu estado para poder pasar a la acción y permanecer en un estado sostenido de alto rendimiento?".

Esto implica encontrar la respuesta a preguntas como: "¿Cómo mantenerse enfocado en el estado deseado sin distraerse? ¿Cómo tener una presencia mente-cuerpo centrada? ¿Cómo mantenerse conectado con recursos que te den apoyo y empoderamiento, tanto internos como externos?".

Establecer las tres conexiones positivas

Lo que la vida te traiga en tu camino hacia el cumplimiento de tu intención, quieres encontrarlo y transitarlo en un estado de alto rendimiento, creativo y sostenido. Un modelo importante de cómo llegar a este estado requiere mantener simultáneamente tres conexiones: 1) contigo mismo y con tu centro somático más profundo: tu fuente; 2) con la intención que quieres traer a tu vida; y 3) con lo que llamamos tu "campo de recursos positivos", que incluye tanto cosas tangibles del entorno como otros tipos de recursos energéticos no tangibles (por ejemplo, mentores, modelos a seguir, miembros de la familia, antepasados, amigos, lugares en la naturaleza, mascotas, seres espirituales o históricos, etc.).

Estas tres conexiones producen un estado creativo muy poderoso. La importancia de este estado es una de las contribuciones clave del trabajo de Cambio Generativo.

Cuando puedes sostener verdadera y firmemente estas tres conexiones de manera simultánea, comenzarán a surgir nuevos pensamientos e ideas de forma natural y espontánea. Las cosas empezarán a llegar a ti y a través de ti. No tienes que intentar hacerlos venir o entenderlos consciente o cognitivamente.

Esta es la esencia de la "generatividad". Algo nuevo emerge naturalmente del campo creado por las tres conexiones: contigo mismo y tu fuente, tu intención futura positiva y tu campo mayor de recursos.

Las tres conexiones positivas

Establecer las tres conexiones positivas

Los pasos siguientes resumen nuestro modelo básico para desarrollar un estado generativo a través de las tres conexiones positivas:

1. Abrir un campo COACH.

2. Desarrollar las tres conexiones positivas:

   - Intención Positiva: (palabras, imagen y modelo somático) ¿Qué es lo que más quieres crear en tu vida?

   - Centro Mente-Cuerpo: (experiencia de presencia y compromiso) ¿Dónde sientes más profundamente la conexión con esa intención en tu cuerpo?

   - Recursos Positivos: (mentores, modelos, familia, amigos, lugares, recuerdos, seres espirituales o históricos, etc.) ¿Qué conexiones te ayudarían más a lograr tu objetivo?

3. Usa el autoescalado para optimizar la intensidad de los niveles de cada conexión hasta al menos 7 sobre 10 o más.

4. Manteniendo la sensación integrada de las tres conexiones positivas, comienza a trabajar hacia la intención.

Demostración de cómo establecer las tres conexiones positivas

Lo que sigue es una transcripción de una sesión de coaching que Steve realizó en uno de nuestros programas en la que guía a un cliente a entrar en un estado de rendimiento generativo siguiendo el modelo básico.

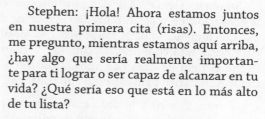

Stephen: ¡Hola! Ahora estamos juntos en nuestra primera cita (risas). Entonces, me pregunto, mientras estamos aquí arriba, ¿hay algo que sería realmente importante para ti lograr o ser capaz de alcanzar en tu vida? ¿Qué sería eso que está en lo más alto de tu lista?

Cliente: ¿Debo decirlo en voz alta?

Stephen: Por favor, sí. Si está bien para ti.

Cliente: Hay un proyecto empresarial que quiero desarrollar a gran escala.

Stephen: Súper. Y si realmente lograras el éxito en ese proyecto empresarial, ¿cuál sería el resultado?

Cliente: Me sentiría feliz y tranquilo, seguro, sentiría que he traído algo a este mundo, y cuando lo abandone, dejaría atrás algo más que huesos.

Stephen: Impresionante. ¿Y qué habrías logrado realmente? ¿Sería la creación de determinada empresa, de un producto, o se trata de hacer una contribución a las personas de la comunidad?

Cliente: Se trata más de una comunidad que tiene una visión común de las cosas y que está unida por la idea de verlas de manera similar.

Stephen: Me pregunto si puedes representarlo en términos de una imagen visual. ¿Serían personas de pie, en círculo, tomadas de la mano? ¿Estarían haciendo algo juntas?

Cliente: Sí, eso se parece a lo que está pasando aquí, hay mucha gente y yo estoy como en un escenario.

Stephen: Bien. Si pensáramos en términos de tiempo, ¿sería en un mes, en 6 meses, en un año, en dos años?

Cliente: En dos años.

Stephen: Genial. Así que, sintonízate con la sensación de que "durante los próximos dos años, realmente quiero hacer todo lo posible para crear esta comunidad positiva". Y cuando llegue el final de esos dos años, ¿cuál sería tu modelo somático para expresar "¡lo conseguí!"?

Cliente: (Sonríe y levanta ambos brazos por encima de su cabeza en un gesto de triunfo). ¡Sí!

Stephen: (Repite el movimiento). Vuelve a hacerlo un par de veces.

Cliente: (Levanta repetidamente ambas manos sobre la cabeza en un gesto triunfal). ¡Sí! ¡Sí! ¡SÍ!

Stephen: (Reflejando el movimiento). ¡Genial! Tal vez podríamos probar a hacerlo más lentamente para que puedas percibir por dentro ese "Guau. Lo hice". Y realmente siéntelo.

Cliente: (Levanta lentamente las dos manos por encima de la cabeza en un gesto triunfante).

Stephen: (Reflejando el movimiento más lentamente). ¿Hay alguna imagen que vaya con eso?

Cliente: Es más como sonidos. Aplausos, celebración.

Stephen: ¡Impresionante! ¡Sí! Bien. En una escala del uno al diez, ¿cuán importante es para ti esa sensación en relación a tu camino de vida, ser capaz de crear algo así?

Cliente: Es un gran proyecto y parece un poco abrumador. Yo diría que un seis.

Stephen: Seis. Es bueno saberlo. ¿Y puedes sentirlo y permitirme saber dónde lo notas más profundamente en tu cuerpo?

Cliente: Aquí (señala el área justo debajo de su diafragma).

Stephen: Entonces, hay algo aquí (señala el área justo debajo del diafragma), que realmente quiere salir. Impresionante. Entonces, este sería tu centro. Si comienzas a subir demasiado hacia aquí (gestos hacia la parte superior del pecho y la cabeza), probablemente no llegarás muy lejos. Pero realmente puedes sentir esta profunda pasión: "Realmente quiero hacer una diferencia en el mundo" en el centro de tu cuerpo.

Cliente: Correcto.

Stephen: De modo que una forma de reforzar y profundizar esta primera conexión positiva es repetir tu modelo somático de compromiso: "Voy a crear esta comunidad positiva".

Cliente: (Levanta ambos brazos por encima de la cabeza en un gesto triunfante).

Stephen: (Refleja el movimiento). Hazlo unas pocas veces más. Esta es la magia.

Cliente: (Levanta con entusiasmo los brazos por encima de la cabeza varias veces).

Stephen: (Refleja el movimiento). ¡Eso es genial! Y en la escala del 1 al 10. ¿Cuánto lo sientes ahora?

Cliente: Ahora es un 10.

Stephen: Impresionante. Entrar en un estado generativo es como tensar un arco y una flecha. Una parte de ti está enfocada en la intención futura y la otra parte está anclada en tu cuerpo en el presente. A medida que estableces la conexión con tu intención, siente el lugar más profundo de conexión en tu cuerpo. Comprométete con esa intención y, al mismo tiempo, conecta con tu centro. Puede estar ubicado aquí (apunta al área del diafragma) o más abajo. Simplemente siente dónde está.

Cliente: (Mantiene los brazos extendidos pero los baja frente a su pecho).

Stephen: (Refleja el movimiento). Genial, y luego mantén esto, mantén esto y ahora di: "Y conecto con mi centro".

Cliente: Y siento la conexión con mi centro.

Stephen: Ahora, siente la conexión con la intención y la conexión con tu centro. Esta es otra de esas dualidades conversacionales. "Voy hacia mi intención, y desciendo, y me mantengo conectado a mi centro".

Cliente: (Mueve los puños cerrados en señal de triunfo). ¡SÍ!

Stephen: Está listo para salir. ¡Apártate de su camino!

Cliente: (Mueve los puños por delante en señal de triunfo). ¡Sí! ¡Sí! ¡Sí!

Stephen: Bien, entonces, hagamos algo más: la tercera conexión. Para hacer este viaje tan importante, mantén la pregunta: "¿A quién puedo recurrir para que me apoye?". ¿Quién sería un buen recurso que realmente te dé el apoyo, el conocimiento, la confianza de que puedes hacer eso? Pueden ser miembros de la familia, antepasados, personajes históricos, fenómenos de la naturaleza, lugares, etc.

Cliente: Mi familia

Stephen: ¿Tu familia actual?

Cliente: Sí. Especialmente mi esposa.

Stephen: ¿Puedo preguntarte el nombre de tu esposa?

Cliente: Kirsten.

Stephen: Estupendo. Démosle la bienvenida a Kirsten e imaginemos que escuchó tu voz llamándola: "¡Kirsten!". Ahora siente, ¿dónde a tu alrededor está la presencia de Kirsten? Podría estar aquí... o... aquí (indica varios lugares alrededor del cuerpo del cliente).

Cliente: Un poco detrás y a la derecha.

Stephen: ¿Qué estaría diciendo o haciendo?

Cliente: Ella diría: "Creo en ti. Puedes hacerlo" (cruza las manos sobre el corazón).

Stephen: "Creo en ti" (refleja el gesto). Impresionante. Solo siente su presencia. Puedo ver que hay como una suavidad que entra en tu cuerpo cuando haces eso. Y en la escala del 1 al 10, ¿cuánto puedes sentir su presencia?

Cliente: Nueve.

Stephen: Súper. Mantener estas tres conexiones te pondrá en un estado de rendimiento superior. Un principio fundamental del Cambio Generativo es: "No te pidas pasar a la acción hasta que hayas creado las condiciones para tener éxito". Y estas tres conexiones son las condiciones fundamentales para el éxito. Entonces, una vez más, el primer paso es conectarse con la intención. Di: "¡Lo haré!" y encuentra el modelo somático.

Cliente: ¡Lo haré! (Levanta ambos brazos por encima de la cabeza en un gesto triunfante).

Stephen: De acuerdo. Y luego el segundo paso: "También me conecto con mi centro. Cuanto más voy hacia el mundo, más me dejo caer en mi centro".

Cliente: (Baja los brazos y cierra los puños frente al pecho en señal de triunfo). ¡Sí!

Stephen: Y a medida que me conecto con mi centro, me abro al apoyo de mi campo de recursos. Siento la presencia de mi esposa y su mensaje: "Creo en ti".

Cliente: (Cruza las manos sobre el corazón).

Stephen: Y cuando tengas estas tres conexiones, estarás realmente listo para pasar a la acción.

Cliente: ¡Sí! Me siento completamente seguro de que puedo hacerlo.

Stephen: Y te envío todo mi apoyo.

Establecer las tres conexiones positivas

1) PREGUNTAR AL CLIENTE POR LO QUE QUIERE.

2) CREAR JUNTOS UN CAMPO GENERATIVO.

Seguimiento de las tres conexiones positivas

Una vez que se han establecido las tres conexiones positivas, es importante realizar un seguimiento continuo de la fuerza de las conexiones entre sí. Como señalamos anteriormente, una sesión de coaching siempre tiene dos niveles:

1. El contenido del trabajo.

2. El contexto (el estado subyacente de los filtros dentro del cual se realiza el trabajo).

Un buen coach generativo realiza un seguimiento constante de ambos niveles, dando prioridad al estado de los filtros. Siempre que los filtros que sostienen el contenido comiencen a entrar en algún tipo de estado CRASH, toda la "realización del trabajo" debe detenerse hasta que se pueda restablecer un estado COACH. Por lo tanto, una de las responsabilidades principales de un coach generativo es desarrollar, supervisar y mantener un estado COACH y las tres conexiones positivas, tanto en el cliente como en sí mismo. La calidad del estado COACH y las tres conexiones positivas determinarán directamente la calidad de la creatividad lograda en la sesión.

Si la fuerza de cualquiera de las tres conexiones positivas cae por debajo de 7 sobre 10 durante una sesión de coaching, el nivel de generatividad y rendimiento disminuirá drásticamente.

En la demostración anterior, Steve utilizó la analogía de sostener y apuntar con un arco y una flecha. Hay un tipo de tensión creativa que surge de la relación entre las fuerzas de contrapeso de una mano apuntando la flecha hacia el objetivo y la otra tirando de la cuerda del arco hacia ti. El nivel de esa tensión creativa se ajusta según la dirección y la distancia de tu objetivo. Esto es como las fuerzas de contrapeso de ir moviéndote hacia el mundo con tu intención, e ir sintiendo la conexión con tu centro al mismo tiempo. Cuando puedes crear ese equilibrio y agregar la conexión a tus recursos, se abre una especie de esfera segura a tu alrededor.

Para crear y mantener ese equilibrio en una sesión de Coaching Generativo, es importante tener en cuenta los siguientes puntos:

* Las tres conexiones positivas pueden fluctuar a lo largo de un continuum.

* Focalizarse en una conexión puede disminuir la conexión con las otras conexiones.

* El autoescalado es una herramienta muy simple y útil para hacer seguimiento y optimizar las conexiones a lo largo del tiempo.

* Para permanecer en un estado generativo, el nivel de conexión debe ser de 7 sobre 10 o más.

* El autoescalado se puede utilizar en cualquier momento y en cualquier lugar para calibrar el nivel de las conexiones.

* En las sesiones de Coaching Generativo, se utiliza de forma intermitente para medir y cambiar los niveles de intensidad.

Hay tres formas básicas de aumentar cualquiera de las conexiones:

1. El lenguaje
2. Las imágenes visuales
3. El modelado somático

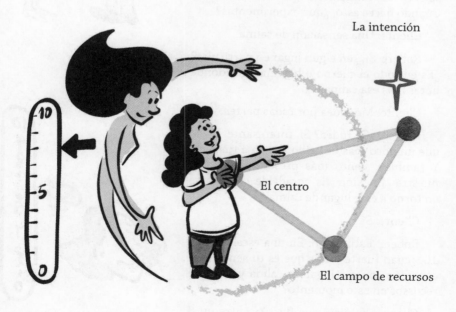

La intención

El centro

El campo de recursos

Demostración de cómo hacer un seguimiento de las tres conexiones positivas

Lo que sigue es una transcripción de una sesión de coaching que Robert realizó en uno de nuestros programas para ayudar a un cliente a utilizar el modelado somático y de autoescalado para establecer y mantener las tres conexiones positivas.

Robert: Me complace mucho compartir este tiempo contigo y estoy seguro de que podemos hacer algo mágico en esta sesión. Y lo que me gustaría hacer, antes de que empecemos a pensar en qué te gustaría trabajar, es que nos tomemos unos minutos y entremos en estado COACH. Tengo la sensación de que ahora mismo tu energía está un poco más alta, aquí (señala la parte superior del pecho y la cabeza). Entonces, si ambos respiramos y nos sintonizamos con un lugar en nosotros mismos que sea lo suficientemente profundo, eso es siempre espacioso y seguro. Simplemente, conectamos con ese lugar, respiramos en ese lugar, sintiendo que el aire se extiende cálidamente por todo el cuerpo. Cuando haces esto, ¿qué experimentas?

Cliente: Una sensación de calma.

Robert: Sí, ¿en algún lugar en particular? ¿Es en todo el cuerpo o hay un lugar donde notas más esa calma?

Cliente: Me rodea por todas partes.

Robert: ¿Te rodea? Sí. Interesante. Y veo que un poco más de brillo asoma a tus ojos. Y también siento más presencia aquí, en nuestra conexión. Es agradable conectarse en torno a este lugar de calma.

Cliente: Sí.

Robert: Estupendo. En una escala de 0 a 10, ¿cuán fuerte dirías que es tu sentido de conexión con ese lugar de calma y lleno de recursos en este momento?

Cliente: Yo diría que fluctúa entre un 6 y un 7.

Robert: Entre 6 y 7. Es bueno saberlo. ¿Qué crees que podría ayudarte a estabilizarlo en 7 o más?

Cliente: Relajar el cuello y los hombros (mueve la parte superior del cuerpo) y sentir el suelo debajo de los pies.

Robert: ¿Qué pasa cuando haces eso?

Cliente: Se fortalece, como 8 sobre 10. Y puedo abrirme aún más (sonríe).

Robert: Sí. Y veo que comienza a aparecer una energía juguetona. ¿Listo para jugar?

Cliente: Listo para jugar.

Robert: ¿Qué quisieras crear más en tu propia vida que sea realmente interesante para ti?

Cliente: Quiero crear una mayor sensación de apertura, y que esa apertura esté presente la mayor parte del tiempo.

Robert: ¿Hay lugares en particular donde tener esa apertura sería especialmente importante? ¿Cuál sería ese contexto especialmente importante para ti?

Cliente: El lugar que me viene a la mente es el trabajo...

Robert: De acuerdo. En el trabajo. Así que, veamos si podemos convertir esto en una declaración de 5 a 7 palabras. ¿Cuál sería tu forma sencilla de declararlo?

UN LUGAR MÁS
ESPONTÁNEO
DE APERTURA
EN EL TRABAJO

Cliente: Quiero crear un lugar más espontáneo de apertura en el trabajo.

Robert: Estupendo. En realidad, eso lo percibo bastante sólido: "Lo que realmente quiero crear es un lugar más espontáneo de apertura en el trabajo". Cuando dices esto, ¿resuena en tu cuerpo? ¿Qué pasa dentro de ti cuando lo dices?

Cliente: Siento un ligero pánico de no ser capaz de hacerlo.

Robert: Nos gusta decir que, en general, en el plazo de cinco segundos desde que declaras una intención verdadera, sale la otra parte. Y tiene sentido. Entonces, ese ligero pánico va a ser un miembro del equipo. Solo quiero decirle a ese pánico: "Bienvenido. Bienvenido al equipo". Cuando haces eso, ¿qué pasa?

Cliente: Bienvenido (se relaja y sonríe).

Robert: Sí. Veo que reaparece un poco más de tu brillo. Estupendo. Entonces, sí, naturalmente existe esta preocupación: "¿Podré hacerlo?". Sin embargo, también deseas tener este lugar más espontáneo de apertura en el trabajo.

Cliente: Sí (hablando firmemente). Eso es lo que realmente quiero.

Robert: ¿Tienes una imagen de cómo sería eso?

Cliente: La tengo. La imagen es un lugar de luz, un lugar de suave brisa, con azules y verdes, con cielos azules y grandes, un espacio abierto.

Robert: Sí. Así que esta no es la imagen literal de tu entorno de trabajo. Parece más una imagen de cómo sientes esa apertura espontánea: ese gran espacio, el cielo azul.

Cliente: Sí. El cielo azul.

Robert: Mucha apertura. ¿Y cuál sería tu gesto para esta intención? "Lo que realmente quiero crear en el trabajo es...".

Cliente: (Mueve los brazos en círculo). Me muevo alrededor del círculo. Y estoy fluyendo.

Robert: (Refleja el movimiento). Genial. Me gusta la parte de fluir. Entonces, juntemos las tres. Ahora vas a decir las entre cinco y siete palabras, "Lo que realmente quiero crear es..." y ve esa imagen y haz el gesto.

Cliente: Lo que más quiero crear es una sensación espontánea de apertura en el trabajo (mueve los brazos en círculo).

Robert: He notado que tu voz se ha apagado un poco al final, cuando has dicho "en el trabajo". ¿En este momento, con qué intensidad te sientes conectada con esa intención, comprometida con esa intención?

Cliente: Estoy comprometida con crear una sensación espontánea de apertura. Y percibo que me llegan muchas más cosas porque, en realidad, también quiero tener esa sensación en muchos otros lugares.

Robert: Así que, realmente, quieres crear más de esta sensación de apertura espontánea en tu vida. El trabajo es un área clave.

Cliente: Sí, entonces lo que más quiero crear es una sensación espontánea de apertura en el trabajo y en mi vida. ¡En mi vida! (Mueve los brazos con entusiasmo en un movimiento circular).

UN LUGAR MÁS ESPONTÁNEO DE APERTURA EN EL TRABAJO Y EN MI VIDA

Robert: Sí (refleja el movimiento). Genial. ¿Con cuánta fuerza sientes tu conexión con eso en este momento?

Cliente: Cuando he dicho eso, he sentido un calor que ha recorrido todo mi cuerpo.

Robert: Es bueno saberlo. Esa es una buena calibración. En una escala de 0 a 10, ¿cuál dirías que es tu nivel de conexión con eso?

Cliente: 9. Sí, definitivamente 9.

Robert: Bien. Ahora, como tienes esa conexión de 9, la segunda pregunta es: ¿Con cuánta fuerza te sientes conectada contigo misma y con tu centro?

Cliente: Creo que probablemente me desconecté un poco.

Robert: Es bueno saberlo. Así que, paremos un momento y dirige tu atención tanto a tu intención como a tu centro: ¿Qué necesitas hacer para mantenerte un poco más conectada contigo misma? ¿Qué gesto podría ayudarte con eso?

Cliente: (Hace un movimiento circular con los brazos hacia el cuerpo). Solo necesito juntarlos un poco más.

Robert: (Refleja el movimiento). Sí, eso tiene sentido.

Cliente: (Respira hondo y sonríe). Estoy aquí.

Robert: Bien, excelente. "Estoy aquí. Y sé lo que quiero". Ahora te voy a invitar a ir a la tercera conexión. Entonces, la cuestión aquí es: para estar más abierta espontáneamente en el trabajo y en tu vida, necesitarás una conexión con los recursos que te puedan ayudar a tener esa apertura espontánea. Si tuvieras que mantener estas dos conexiones contigo misma y con tu intención, y luego abrirte a este campo de recursos más grande, ¿quién o qué se presenta como un apoyo para ti que realmente te asegure que esto suceda? No es necesario que intentes pensarlo o averiguarlo. Mantén estas dos conexiones y deja que venga algo.

Cliente: Lo que ha venido es una voz muy suave. No sé a quién pertenece esa voz, pero es una voz muy suave. Y a veces esa voz no se escucha porque es tan silenciosa que nadie la oye (hace gestos circulares alrededor de los oídos con las manos).

Robert: Sí. Paremos un momento y respiremos eso. Y veo que está sucediendo algo con tus manos (refleja el movimiento). Así que, hagamos una pausa por un momento. Creo que fue Emerson quien dijo: "Guardemos silencio para poder escuchar los susurros de los dioses". Así que, paremos un momento y digamos a esta voz: "Bienvenida".

Cliente: Bienvenida.

Robert: Sí.

Cliente: Es realmente fascinante, porque la voz quiere ser bienvenida. Y tiene mucho que decir. Pero no se la escucha a menudo.

Robert: Sí.

Cliente: Está aquí (hace gestos cerca de sus oídos con las manos).

Robert: Sí. Está aquí (refleja el movimiento). Aquí mismo. Y lo que queremos hacer es asegurarnos de que la conexión con esta voz sea fuerte. Si piensas en esto ahora, de 0 a 10: ¿cuál es tu nivel de conexión con esta voz?

Cliente: Alrededor de 8.

Robert: ¿Cómo sabes que es un 8?

Cliente: Porque siento la voz cercana. Puedo sentirla de verdad. Es casi como un espacio de auténtica suavidad y es casi tangible. No es sólida, pero ocupa el espacio.

Robert: Impresionante. Paremos un momento y probemos las tres conexiones ahora mismo. Tengo esta voz. Tengo mi intención: "Lo que realmente quiero crear es más de esta apertura espontánea en mi trabajo y mi vida". Y luego, tengo esa conexión conmigo misma. Para que esto realmente suceda, tengo que mantener mi compromiso y tengo que escuchar. Tengo que estar conectado. Entonces, en este momento, si probaras tu conexión con estos tres: tu intención, tú mis-

ma y esta voz suave, ¿cuál dirías que es el nivel de conexión?

Cliente: Lleva algo de trabajo.

Robert: Se necesita más que eso. Se necesita práctica.

Cliente: Realmente es muy difícil.

Robert: Y por eso tienes un coach. Exploremos algo. ¿Cuál sería tu modelo somático y tu movimiento para este estado generativo en el que puedes permanecer conectada con tu intención, contigo misma y con esa voz suave? ¿Cómo sería ese movimiento?

Cliente: (Mueve los brazos en círculo, luego hace un gesto circular con los brazos hacia el cuerpo y finalmente los lleva hacia las orejas. Continúa haciendo silenciosamente este patrón varias veces más).

Robert: Sí (refleja el movimiento). Eso es.

Cliente: (Toma una respiración profunda y sonríe ampliamente). La voz entró dentro.

Robert: Sí. ¿Y cómo está la conexión contigo misma?

Cliente: Oh, sí. Está bien. Ahora vamos todos juntos (continúa haciendo con entusiasmo el patrón de movimiento).

Robert: Guau. Ese es un estupendo tono de voz. Cuando hablas, parece que emerge de lo más profundo de tu cuerpo.

Cliente: ¡Absolutamente! Justo desde aquí (señala a su plexo solar).

Robert: Sí, sí. Nuestro siguiente paso es prepararnos para entrar en acción conteniendo a esos tres.

Cliente: Estoy muy bien. ¡Ya estoy! Está bien (continúa haciendo con entusiasmo el patrón de movimiento).

Robert: ¿De acuerdo?

Cliente: Oh, sí, ahora estoy.

Robert: Te creo.

Cliente: Gracias. ¡Oh, es genial! (Sonríe ampliamente).

Queremos volver a señalar que en el Coaching Generativo es muy importante unir al cliente con sus gestos y modelos somáticos. Esta ha sido una parte importante de las dos demostraciones presentadas en este capítulo. Reflejar los movimientos del cliente sirve para fortalecer tanto la inteligencia somática como la inteligencia del campo establecido entre el coach y el cliente.

El vehículo para el cambio creativo no es el coach ni el cliente, es el espacio de conversación que comparten. Por tanto, el coach está tratando de encontrar eso y de entregarse a eso, y de dejarse apoyar y guiar por eso. A continuación, sus acciones profesionales individuales van saliendo de ese espacio de "nosotros".

También es útil darse cuenta de que los dos primeros pasos configuran el tercero. El primer paso es la conexión con mi centro a través del estado COACH. El segundo consiste en definir y conectar con mi intención. En el tercer paso, mantenemos los primeros y agregamos la conexión con los recursos adicionales que necesitamos para alcanzar esa intención.

Una vez que se ha establecido un fuerte estado generativo, ¡es hora de ir al paso 4 y pasar a la acción!

Seguimiento de las 3 conexiones positivas

2) CONECTAR CON EL CENTRO

1) ENTRAR EN UN ESTADO COACH

"UN LUGAR MÁS ESPONTÁNEO DE APERTURA EN EL TRABAJO Y EN LA VIDA"

3) CONECTAR CON LA INTENCIÓN:

La Puerta

Ve y abre la puerta.
Quizás afuera haya un árbol
o un bosque,
un jardín,
o una ciudad mágica.

Ve y abre la puerta.
Quizás fuera
haya un perro hurgando.
Quizás veas una cara
o un ojo,
o la imagen de una imagen.

Ve y abre la puerta.
Si hay niebla,
se despejará.

Ve y abre la puerta.
Aunque haya solo
la oscuridad cantante,
aunque haya solo
el aliento hueco del viento,
aunque no haya
absolutamente nada ahí,
ve y abre la puerta.

Por lo menos
habrá
una brisa.

Miroslav Holub

Capítulo 6

Cuarto paso
Pasar a la Acción

El cuarto paso del proceso de Cambio Generativo es comenzar a pasar a la acción. Aquí es donde el proceso de Coaching Generativo se centra en llevar la intención a una expresión concreta, pasando del campo cuántico a la realidad clásica. En este paso, lo importante es traducir un sueño en una expresión concreta. Por lo tanto, el objetivo del cuarto paso es desarrollar y realizar planes, utilizando el feedback para ajustar y refinar el movimiento hacia el logro de la intención. Esto implica dividir la totalidad en sus partes y a continuación ensamblar las partes en una secuencia o "camino crítico".

En el cuarto paso, estamos en el lugar donde podemos decir: "De acuerdo. Vamos a hacerlo. Mantente enfocado en las acciones necesarias. Sigue adelante. Sigue avanzando hacia el mundo". El objetivo del coach es apoyar al cliente y mantenerlo enfocado en las acciones necesarias para alcanzar el estado deseado.

Las preguntas que deben responderse en el cuarto paso incluyen: "¿Cuáles van a ser las acciones clave necesarias para manifestar tu intención? ¿Cuál es el camino crítico? ¿Cómo creas un camino que incluya tanto la claridad concreta como la flexibilidad suficiente para mantenerte generativo y abierto, estando atento a las oportunidades que no habías anticipado y a hacer las correcciones oportunas?".

Para responder a estas preguntas, debes comenzar a poner las cosas en una línea de tiempo y hacer un storyboard o "guion gráfico". Estás definiendo tanto las acciones clave como el feedback que vas a necesitar para llevar tu visión y tu intención a la acción. Dos de los procesos clave que nos gusta utilizar para el cuarto paso en el Coaching Generativo son "imaginar" y el guion gráfico o storyboard.

Trabajar con imágenes un camino hacia el éxito

Imagineering, o trabajar con imágenes, es un término acuñado por Walt Disney para describir el proceso que él usó para crear sueños y luego convertirlos en realidad. Uno de los compañeros de trabajo de Disney proporcionó una visión poderosa del proceso de creación de imágenes y señaló: "[...] en realidad, había tres Walts diferentes: el soñador, el realista y el crítico. Nunca sabías cuál vendría a la reunión". El trabajo con imágenes implica coordinar estos tres subprocesos: soñador, realista y crítico, pues todos son necesarios para pasar de la intención a una acción eficaz.

El realista elige una de esas posibilidades y crea un plan para realizarla

El soñador abre el campo de posibilidades

El crítico hace sugerencias para hacer que el plan sea todavía mejor

Coordinar al soñador, al realista y al crítico

El soñador es necesario para formar nuevas ideas y metas. El realista es necesario para transformar ideas en expresiones concretas. El crítico es crucial para evaluar, filtrar y refinar los pasos en algo que sea eficaz y ecológico.

Un soñador sin un realista no puede convertir ideas en expresiones tangibles. Un crítico y un soñador sin un realista simplemente se estancan en un conflicto perpetuo. Un soñador y un realista pueden crear cosas, pero es posible que no alcancen el nivel necesario de excelencia sin un crítico. El crítico ayuda a evaluar y refinar el camino creativo.

En resumen:

* Un soñador sin un realista y un crítico es solo eso: un soñador.

* Un realista sin un soñador y un crítico es un robot.

* Un crítico sin un soñador y un realista es un saboteador.

* Un soñador y un realista sin un crítico son un Departamento de Investigación y Desarrollo: hacen muchos prototipos, pero carecen de los estándares de calidad necesarios para alcanzar el éxito.

* Un realista y un crítico sin un soñador son una burocracia.

* Un soñador y un crítico sin un realista son una montaña rusa maníaco-depresiva.

El soñador abre nuevas posibilidades

El realista las transforma en realidad

El crítico mejora los resultados

Preguntas sobre el trabajo con imágenes

Por lo tanto, los procesos de trabajo con imágenes pueden asociarse con tres áreas de preguntas: (1) El "soñador", donde se generan el todo y las partes de una visión, (2) el "realista", donde el sueño se traduce en una estructura concreta, y (3) el "critico", donde la expresión concreta de la intención se mejora continuamente. Una forma en que un coach generativo puede ayudar a sus clientes a realizar sus intenciones de manera sabia y equilibrada es asegurarse de que los clientes tengan respuestas claras para cada una de estas áreas de preguntas. Lo que sigue es un resumen de las preguntas fundamentales que se necesitan para que el trabajo con imágenes lleve de una intención positiva a una expresión concreta.

Soñador:

* ¿Cuál es tu intención positiva?
* ¿Cuál es el propósito más amplio de esa intención?
* ¿Cuáles son los beneficios potenciales para ti y los demás (familiares, amigos, colegas, etc.)?
* ¿A qué otras posibilidades podría llevarte la intención en el futuro?

Realista:

* ¿Cuál es el plazo para realizar tu intención?
* ¿Quiénes son los actores clave para lograr tu intención?
* ¿Cuáles son los próximos pasos concretos que se necesitan para avanzar?
* ¿Cuál es la evidencia o el feedback de que estás progresando?
* ¿Qué recursos están disponibles para ayudarte a realizar tu intención?

Crítico:

* ¿Qué falta en tu plan actual?
* ¿Quiénes podrían verse afectados positiva o negativamente por el logro de tu intención?
* ¿Por qué alguien podría objetar a que alcances tu intención?
* ¿Cuáles son sus necesidades o expectativas?
* ¿Qué necesitas para refinar, modificar o cambiar el plan?

Integrar en un guion gráfico los pasos para llevar la intención a la acción

El guion gráfico es un proceso para definir ese camino, y también fue desarrollado por Walt Disney. La principal estrategia del trabajo con imágenes de Disney, y su mayor fortaleza como realista, era la capacidad de fragmentar y secuenciar sus sueños en trozos de un tamaño manejable. Disney innovó el proceso de creación del guion gráfico (un proceso de creación del guion de una historia a través de cuadros gráficos secuenciales que ahora utilizan todos los principales productores de películas).

Un guion gráfico es como una tabla de contenido visual: es un conjunto de imágenes fijas (literales o simbólicas), que representan la secuencia esencial de eventos que se necesita para pasar de una situación actual a un resultado deseado. Por ejemplo, una presentación PowerPoint efectiva es una forma de guion gráfico. El proceso del guion gráfico es una forma muy poderosa de organizar y planificar, y es particularmente útil para ayudar a un cliente a crear un camino de realización de su intención.

Ayudar a un cliente a hacer un guion gráfico para lograr una intención particular implica guiarlo a través de las preguntas del trabajo con imágenes presentadas anteriormente. Has de enfocarte especialmente en las preguntas del realista, para luego acompañarle a explorar cómo organizar esas respuestas en una secuencia de pasos.

Lo que sigue es un ejemplo de un tipo de guion gráfico que muestra un posible camino desde la intención hasta la realización.

Establecer una intención

Abrirse a las posibilidades

Transformar el crítico interno

Conseguir apoyo externo

Conectar con recursos

Celebrar las claves de éxito

Poner el guion gráfico en una línea temporal física

En nuestro trabajo de Coaching Generativo, es importante para nosotros involucrar la mente somática del cliente en el proceso de crear el guion gráfico. Una forma de hacerlo es utilizar una "línea de tiempo" física para ayudar al cliente a identificar y secuenciar los pasos que le llevarán a realizar su intención.

Para hacer una línea de tiempo física, en esencia transformamos el espacio en tiempo. Hacemos que el cliente imagine una línea en el suelo en la que un punto particular representa el presente, y una dirección indica el futuro mientras que la otra indica el pasado.

A continuación, le invitamos a que se coloque en el punto que representa el presente, que mire hacia el futuro y entre en el estado COACH. Para la fase del "soñador", le pedimos que oriente su atención hacia el futuro en la línea de tiempo. Y además, que revise o recree su intención positiva del segundo paso de nuestro modelo de seis pasos (en forma de cinco a siete palabras, una imagen y un modelo somático). Seguidamente, establecemos las tres conexiones necesarias para el estado generativo (su centro somático, la intención futura y su campo de recursos positivos).

El soñador establece
una intención

Recordando al cliente que continúe manteniendo estas tres conexiones, le indicamos que camine por la línea de tiempo hacia el futuro, hasta un punto que represente el logro de su intención. Nos aseguramos de que realmente pueda ver, oír y sentir cómo será el logro de la intención.

Entonces, estamos listos para entrar en la fase del "realista" y pasar a la acción. Hacemos que el cliente regrese a la posición "presente" de su línea de tiempo, y le pedimos que imagine entre cinco y siete ubicaciones a lo largo de la misma, entre el estado actual y el estado deseado donde logra su intención. Estas ubicaciones indican las acciones clave que son necesarias para realizar la intención.

Asegurándonos de que el cliente esté en su estado generativo, a continuación, le invitamos a pasar a la primera ubicación. Usando imágenes, palabras y modelos somáticos, el cliente involucra a su inconsciente creativo a explorar lo que necesita que suceda en este primer paso hacia esa intención.

A continuación, avanzando lentamente hacia adelante en la línea de tiempo, repetimos este proceso en cada localización de la línea temporal hasta que el cliente haya llegado al cumplimiento de su intención. Cuando el cliente haya alcanzado el estado deseado, debe tener ya una idea clara de los pasos clave, o del guion gráfico necesario para realizar su intención.

SI

El COACH mantiene el espacio

El realista crea los pasos para ponerse en acción

Fragmentar el guion gráfico

Al principio, le pedimos al cliente que se concentre en los "grandes fragmentos" o en los principales pasos que serán necesarios para ir del estado actual al estado deseado. A continuación, queremos continuar refinando el guion gráfico a través del proceso de "fragmentación".

Fragmentar implica romper algo en partes cada vez más pequeñas para manifestarlo. Por ejemplo, para escribir este libro, tuvimos que fragmentar el libro en capítulos, los capítulos en temas, los temas en puntos clave, los puntos clave en oraciones, las oraciones en palabras, las palabras en sílabas y, finalmente, esas sílabas en letras.

De manera similar, ayudar a un cliente a pasar a la acción implica "fragmentar" su intención en un guion gráfico, y luego fragmentar el guion gráfico en pasos sucesivamente más detallados. En general, esto se hace enfocándose en cada uno de los pasos principales del guion y haciendo la pregunta: "¿Qué se debe hacer específicamente para lograr este paso?". Una vez más, la respuesta a esta pregunta se explora en forma de imágenes, palabras y modelos somáticos.

Hacer esto ayudará a aclarar cada uno de los pasos principales y definir la secuencia de metas específicas necesarias para lograrlo.

El mismo proceso de fragmentación se puede repetir para cada uno de los objetivos específicos, definiendo las acciones sucesivas que serán necesarias para lograrlos.

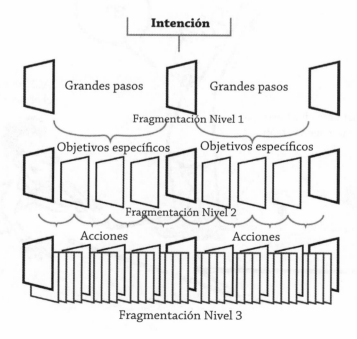

Este es el mismo tipo de proceso que siguen todas las personas productivas para hacer realidad sus sueños e intenciones. Este enfoque ayuda a mantener todo en perspectiva para que "el árbol no te impida ver el bosque". Este proceso está en continua elaboración, revisión, refinamiento y transformación. Por lo tanto, para guiarlo, requiere la plena atención creativa del estado COACH y las tres conexiones del estado generativo.

Podemos resumir el proceso de creación de prototipos del guion gráfico en los siguientes pasos básicos:

1. Traza una línea de tiempo física que se extienda desde el estado actual hasta el deseado.

2. Comienza en el estado COACH y define o reconecta con la intención positiva.

3. Establece los 3 puntos de conexión del estado generativo (centro somático, intención y campo de recursos).

4. Muévete físicamente al estado deseado en el futuro en la línea de tiempo.

5. Marca 5-7 posiciones que representen la ruta básica desde el presente hasta el estado deseado.

6. Ubícate en la primera posición y utiliza imágenes, palabras y modelos somáticos para involucrar al inconsciente creativo y explorar lo que debe suceder en este paso.

7. Muévete lentamente a la segunda posición, encontrando nuevos modelos somáticos, imágenes y palabras.

8. Recorre cada posición en la línea de tiempo hasta que se complete el guion gráfico.

9. Camina lentamente a través de la línea de tiempo varias veces, fragmentando y especificando los pasos cada vez.

Demostración de cómo crear un guion gráfico

Lo que sigue es la transcripción de una sesión de coaching, que Steve realizó en uno de nuestros programas, en la que guía a una cliente a dar los pasos para comenzar a crear un guion gráfico.

Steve: Siempre es un buen comienzo para una sesión decir: "Lo primero es lo primero. Déjame encontrar la manera de tener una conexión positiva conmigo mismo". ¿Tienes alguna buena práctica para eso?

Cliente: Simplemente respirar.

Steve: Si te parece bien, puedes ser mi coach y enseñarme a usar ese método.

Cliente: Simplemente, una agradable y profunda respiración, inhalando por la nariz, exhalando por la boca y respirando hacia abajo hasta el vientre.

Steve: Entonces, bajemos la velocidad para que pueda sentir la conexión con el corazón, con el vientre. Toma unos minutos para tener esa respiración profunda a través de la nariz, siente cómo te calma y comienza a pensar cuán abajo puedes llegar para sentir que tu energía entra profundamente en la tierra (hace un movimiento con las manos como si empujara hacia la Tierra).

Cliente: (Refleja el movimiento). Son raíces de árboles.

Steve: Es un proceso interesante, ¿hasta dónde puedes llegar hacia abajo? ¿Qué pasa cuando haces eso?

Cliente: Es muy relajante, el movimiento (repite el movimiento).

Steve: Estupendo. Entonces, este sería nuestro estado COACH de referencia, por así decirlo. Y probablemente, a lo largo del camino, tendremos que hacer pausas y volver a este estado, volver a conectarnos con esta referencia, volver a esta conexión simple. ¿Cuál dirías que es tu nivel de estado COACH en una escala de 1 a 10 en este momento?

Cliente: Diría que 8.

Steve: Súper. Entonces, nuestro siguiente paso es: "¿Qué es lo que más te gustaría crear en tu vida?".

Cliente: Me gustaría crear riqueza en mi vida.

Steve: ¿De cuánta riqueza estamos hablando?

Cliente: Infinita (hace un gesto muy abierto con las manos y se ríe).

Steve: "¡Quiero dinero!" (risas). Ese es el modelo somático para eso (refleja el gesto). Te queda bien. No, de verdad, me conmueve escucharte hablar desde ese lugar. Tu estás relajada y a la vez te sientes abundante, abierta y cómoda. No he podido evitar percibir que tu cuerpo ha hecho un cambio cuando has expresado: "Quiero crear riqueza".

Cliente: Me estoy abriendo a la posibilidad. También me siento un poco culpable, como si no debiera decir eso frente a toda esta gente. Parece codicioso.

Steve: Pero, he podido ver que no es codicia. Que realmente estás hablando desde aquí (señala al corazón).

Cliente: Sí. Tienes razón. Puedo sentirlo en mi corazón.

Steve: Sí. Si pudiéramos tomarnos unos minutos y sumergirnos en la inteligencia de tu cuerpo, algo en ti realmente quiere crear una vida de riqueza con todas las experiencias asociadas a eso. Me gustaría sugerir que usemos esa conexión para hacer un primer ensayo de un guion gráfico. Sin centrarnos específicamente en los detalles, basta decir: "Realmente estoy asumiendo el compromiso de abrir mi vida a este lugar, y vivir de una manera mucho más grande y feliz".

Cliente: No más pequeñez.

Steve: No más pequeñez. Súper. Y lo que te voy a invitar a hacer es conseguir esa conexión en tu corazón y dar el primer paso en tu línea de tiempo.

Cliente: (Comienza a moverse en la línea de tiempo. Respiración superficial y tensión en la mandíbula).

Steve: Ajá, ¿veis esto? (señala la cabeza y la mandíbula). Cada cliente tiene signos reveladores del estado CRASH. Entonces, ves eso y quieres señalarle al cliente que este es uno de los suyos. De modo que esto (señala la mandíbula) es uno de los signos reveladores, es donde está el corte con su creatividad primaria. Necesito ver esto como un coach, porque si ella pasa por la línea de tiempo de esta manera (aprieta la mandíbula), solo será un montón de cosas poco auténticas y, después, su crítico le dará una paliza. Generalmente, es aquí donde está la ira crítica, aquí, en la mandíbula cerrada.

Entonces, si conectas con tu corazón, en este punto de tu vida quieres decir: "No, no quiero vivir de lo que debería ser o de lo que no puedo ser. Quiero vivir mi sueño más apasionado". ¿Tengo razón?

Cliente: Sí.

Steve: Es bueno saberlo. De nuevo, solo voy a recordarte, como tu coach, que si intentas que esto suceda aquí (señala la cabeza y la mandíbula), terminarás en el agujero del crítico. Si escuchas a esto (señala al corazón), te guiará a cada paso del camino.

Cliente: (Toma una respiración profunda, se toca el corazón y hace un gesto abierto hacia fuera).

Steve: Vaya. Cuando vienes desde ese espacio, siento una energía muy bella: este es realmente uno de tus principales dones.

Cliente: Mi mandíbula está agradable y relajada.

Steve: Si puedes permanecer conectada a ese lugar en tu corazón, y sostener la pregunta de cómo crear realmente este estado feliz de riqueza, ¿cuál sería el primer paso?

Cliente: (Da un paso adelante en la línea de tiempo y gesticula hacia afuera desde el corazón). Abrirme a las posibilidades.

Steve: Abrirte a las posibilidades. Y luego, ¿qué pasaría si pensaras en abrir las posibilidades en el ámbito de las cosas específicas que harías en tu vida diaria? ¿Cuáles serían? ¿Cuál sería una acción específica que podrías hacer en tu vida diaria que traduciría las infinitas posibilidades en: "Lo estoy haciendo, estoy caminando, lo estoy creando, lo estoy viviendo".

Cliente: (Gestos hacia afuera desde su corazón). Iniciar el proceso de vender mi negocio.

Steve: (Refleja el gesto). Vender tu negocio. Súper. Esa es una acción bastante grande. Hagamos una pausa y sintamos esa decisión, ese compromiso; se percibe como si tocara muchos niveles diferentes de tu vida.

Cliente: Es como dejar ir "al niño".

Steve: Sí. Cuando sintonizo con eso contigo, siento esta especie de tranquilidad, apertura. También una seriedad profunda, una seriedad serena.

Cliente: Definitivamente.

Steve: Súper. Entonces, fragmentándolo, ¿cuáles son los pasos que deberías seguir para hacer eso?

Cliente: (Avanza en la línea de tiempo y hace gestos desde su corazón). El siguiente paso es darme cuenta de que ya no estoy enamorada de mi negocio actual. Y estoy conectando con el entusiasmo de una nueva dirección.

Steve: Así que, da solo otro pequeño paso hacia ese entusiasmo y pregúntate: "¿Cuáles serían algunas de esas cosas simples que podrías hacer a continuación?".

Cliente: (Da un paso adelante en la línea de tiempo y hace gestos hacia afuera desde su corazón). Certificarme en Coaching Generativo.

Steve: Da el paso, hermana.

Cliente: (Da un paso adelante en la línea de tiempo y hace gestos hacia afuera desde su corazón). Conseguir mi página web.

Steve: Lo tengo.

Cliente: (Da un paso adelante en la línea de tiempo y hace gestos desde su corazón). Convencer a mi marido de que voy a vender la empresa.

Steve: Eso suena como otro gran paso que acompaña al primer paso. Hagamos una pausa y asegurémonos de que está conectado con tu corazón.

Cliente: Lo siento muy real.

Steve: Impresionante. Entonces, estamos buscando crear las condiciones para explorar estos lugares que han estado fuera de los límites: "Realmente no puedo realizar mis sueños". Como ahora ocupas el lugar de un coach profesional, y estás sumergiéndote en un territorio completamente nuevo: ¿cómo te comportarías, cómo te conducirías, cómo te presentarías a ti misma? Vayamos a los pasos específicos. Este proceso no se explora todo de una vez, ya que, a medida que atraviesas un cambio de profesión, es una práctica diaria en la que participas para abrirte a la nueva imagen de ti misma, y a un nuevo comportamiento. Tengo que reconocer: "Me he mantenido alejada de este territorio a través de mis respuestas CRASH condicionadas". "Necesito abrirme a este nuevo territorio y a acciones específicas, y preguntarme: ¿Qué hago realmente?".

Cliente: Escribir el contenido de mi página web. Ya comencé a hacer algo de coaching y me uní a tu organización para poder obtener la acreditación oficial.

Steve: Bien hecho. Realmente lo digo en serio. Bienvenida a una comunidad que apoya de verdad tu desarrollo profesional. Me parece que eso es probablemente todo lo que podemos poner en el guion gráfico por ahora. Si tuviéramos que agregar más piezas, probablemente sería demasiado.

Cliente: (Se ríe). Demasiados trozos.

Steve: Sí. Es bueno saberlo y reírse de ello.

Entonces, prepararte para vender el negocio y tener una conversación sobre eso con tu marido, suena como una parte importante de tu guion gráfico, y luego pasar a cómo crear una nueva identidad profesional. Entonces, lo que me gustaría sugerirte es que simplemente lo establezcamos nuevamente en la línea de tiempo, de manera que puedas practicarlo a diario durante varias semanas para comenzar a ordenar y reorganizar cómo recrearte a ti misma. Entonces, ¿qué tal si volvemos a repasar los pasos? (Invita al cliente a volver al comienzo del guion gráfico).

PÁGINA WEB

Cliente: (Avanza en la línea de tiempo y hace gestos desde el corazón). Como tengo una hernia discal en el cuello, eso implica que tengo que quedarme en recepción y no hacer tantos tratamientos a los clientes. Nuestro negocio actual son los tratamientos de belleza. Así que, tengo tiempo para empezar a escribir el contenido de mi nueva página web y hacer los planes para crearla. Al mismo tiempo, también puedo hacer planes para vender mi negocio actual. Así que, esta hernia discal, que es increíblemente dolorosa, en realidad es un regalo.

Steve: Sí. A menudo es un mensaje. Entonces, si ponemos eso en el guion gráfico, la narración se abre a un nivel más profundo de lenguaje creativo.

Cliente: (Toma una respiración profunda y sonríe). Sí, es como si me dieran permiso y me permitiera hacer la preparación.

Steve: Estás bella en este estado. ¿Cuántos sentís eso? Así, como coaches, eso es lo que queremos que ella haga. Conectad con esto. No confiéis en empezar a moveros hasta que lo sintáis.

Después está el paso de "qué hago para soltar el antiguo negocio". Eso tiene muchas partes, incluyendo una conversación con tu marido.

Cliente: Tengo una exempleada que lo compraría sin dudarlo, espero. Ella ha mostrado mucho interés.

Steve: Sí. De acuerdo. Ahora vamos al siguiente paso y a esa conversación con tu marido. Así que, mantengámonos conectados con ese lugar en tu corazón y entremos allí.

Cliente: (Da un paso adelante en la línea de tiempo y gesticula hacia afuera desde su corazón). También tiene que ver con su miedo a soltar. Y eso me asusta, porque este negocio ha sido nuestro bebé.

Steve: Entiendo. "Así que, dejar el negocio, lidiar con los miedos, conmigo, y con mi marido".

Cliente: Y la tristeza.

Steve: Y la tristeza. Démosle la bienvenida y mantengámosla en tu estado COACH. Recuerda esas raíces de los árboles de las que hablaste cuando empezamos.

Cliente: (Hace un movimiento con las manos como si empujara hacia la Tierra. Toma una respiración profunda y se relaja).

Steve: Estupendo. Eso es. Vuelve a casa a tu verdadera fuente (hace un gesto hacia el corazón de la cliente). "Toda mi vida he tratado de averiguar lo que quería usando solo la cabeza. Ahora tengo que vivir desde un lugar más profundo. Y luego, vuelvo a entrar en mi nueva identidad profesional. Completar mi formación de coaching y obtener la acreditación, estas son todas las piezas del subnivel en las que debo enfocarme para convertir el sueño en realidad".

Cliente: Muy práctico.

Steve: Sí, muy práctico y además, eso te permite encontrarte a ti misma en ese estado futuro.

Cliente: (Da un paso adelante en la línea de tiempo y hace un gesto abierto hacia afuera desde el corazón). Se abre el espacio y puedo darle la bienvenida dentro de mí.

Steve: Y luego ese lugar de "¡Lo hice!". ¿Cuál sería ese estado de "lo conseguí"?

Cliente: (Levanta los brazos triunfalmente por encima de la cabeza y sonríe ampliamente).

Steve: Como dije al principio, te envío sinceramente todo mi profundo apoyo para un bello e importante camino que está en sintonía contigo y con tus dones para el mundo. ¿Cuántos de vosotros le enviáis vuestro apoyo? (Aplausos).

Cliente: Gracias.

Crear un guion gráfico

ENTRAR EN EL ESTADO COACH

PAGINA WEB

CERTIFICADO
COACHING GENERATIVO

ESTABLECER UNA INTENCIÓN

CREAR LOS PASOS HACIA LA ACCIÓN

RECONOCER Y
TRANSFORMAR
OBSTÁCULOS

PROYECTARTE A
TI MISMO EN EL
ESTADO FUTURO

MI NEGOCIO

Como podemos ver en esta demostración, un guion gráfico no es simplemente un plan intelectual abstracto. Es una "historia" que incluye las dificultades, los personajes y las reacciones emocionales relacionados con el viaje creativo del cambio. Esto se debe a que el Cambio Generativo no consiste solo en mejorar o refinar un comportamiento existente. A menudo, implica una transformación o evolución a nivel de la identidad.

En esta demostración, Steve ayudó a su cliente a dividir la intención general de "crear riqueza" en el proceso de hacer un cambio de profesión. Esto implicó que la cliente se abriera a una comprensión ampliada de la "riqueza", y a soltar una antigua identidad para abrazar un nuevo sueño más alineado con su corazón. Como señaló Steve, con frecuencia esto implica explorar nuevos territorios que anteriormente estaban "fuera de los límites".

Comprometerse con un camino que esté alineado con nuestra intención más profunda también comienza a sacar al "crítico" y los inevitables obstáculos. En este caso, el marido de la clienta era un posible "crítico" que podía oponerse al plan. También tenía su propio "crítico interior", que se sentía culpable y codicioso por querer más de su vida. Estos son los lugares a los que dedicaremos más atención en el quinto paso. Durante el proceso del guion gráfico, la clave está en encontrar cada paso con nuestro estado COACH y las tres conexiones positivas: nuestro centro, nuestra intención y nuestros recursos.

Realizar un guion gráfico de la estructura profunda

Otra forma de fragmentar requiere trasladarse desde representaciones más simbólicas y metafóricas hasta la realidad literal. Cuando trabajamos con el Cambio Generativo a nivel de la estructura profunda (como un cambio de identidad), al principio resulta difícil definir en términos concretos y literales qué va a suceder exactamente. Las estructuras profundas tienen muchas, muchas expresiones posibles cuando finalmente alcanzan el nivel de estructura superficial. Por lo tanto, a menudo, el guion gráfico del proceso de cambio de la estructura profunda se realiza más fácilmente a través de símbolos y metáforas, que luego pueden comenzar a dividirse en acciones concretas y reales.

Demostración de cómo hacer un "guion gráfico de la estructura profunda"

Lo que sigue es una transcripción de una sesión de coaching que Robert realizó en uno de nuestros programas, en el que está trabajando con un cliente para producir un cambio de la estructura profunda, que más adelante se expresará en términos de la realidad social.

Ralentizarse

Robert: Hola. Encantado de conocerte. Antes de comenzar, me gustaría invitarnos a hacer juntos cuatro movimientos y cuatro sugerencias. La primera es "ir más despacio". Así que, simplemente, hacemos el gesto de "ralentizarnos". Y mientras hacemos el gesto, ralentizamos el diálogo interior, ralentizamos la respiración, el corazón. Y a medida que nos calmamos, esto nos permite tener una conciencia más profunda del holón del cuerpo. Cuando bajo el ritmo, me gusta estar seguro de que puedo sentir el coxis, puedo sentir las rodillas, los tobillos, las muñecas, la nariz, las orejas. De modo que quiero bajar el ritmo para ser consciente de todo mi ser.

Y el segundo gesto y sugerencia es "hacer una pausa". Y hacer una pausa significa estar en silencio y aquietado por un momento. Y eso me permite conectarme de verdad. Así que, hago una pausa no solo para estar consciente, sino también para conectarme con el corazón, el vientre, los ojos, los oídos, la nariz, hasta los pies y, a través de ellos, con la Tierra. Y a continuación, conecto a través de la parte superior de la cabeza con el cielo y las estrellas. Así, en esa pausa me conecto.

Pausa

La tercera sugerencia y el tercer gesto es "respirar". Y en esta respiración estoy atrayendo energía hacia mi cuerpo desde el aire y la tierra, y también estoy abriendo el corazón, abriendo la mente, abriendo los hombros.

Y la cuarta propuesta y el cuarto gesto es "centrarme"; especialmente en el centro del vientre.

Y luego lo compruebo. En la escala de cero a diez: ¿dónde está mi estado COACH en este momento? Y tengo curiosidad por saber qué número surge para ti .

Cliente: Nueve.

Robert: Estupendo. Puedo sentir ese nueve. Puedo ver mucha diferencia en tu cuerpo desde que comenzamos. Bienvenida. Te veo. Y ahora que hemos establecido estas señales, si las necesitamos cuando empecemos a entrar en acción, cualquiera de nosotros puede usarlas. En algún momento, yo podría decir: "Está bien, hagamos una pausa". O podría decir: "Respiremos". O, "centrémonos". Y tú también puedes hacerlo si necesitas hacer una pausa o respirar. ¿De acuerdo? ¿Tiene sentido?

Cliente: Sí.

Robert: Nuestro siguiente paso guarda relación con tu intención. Tengo curiosidad por saber cuáles son esas cinco o siete palabras que has encontrado para expresar tu intención.

Cliente: Quiero llegar a lo profundo de mí.

Robert: Este es un lugar donde me gustaría hacer una pausa (hace un gesto de pausa). Y respiremos realmente esas palabras. He escuchado que las has dicho, pero han sido bastante rápidas. Entonces, si realmente tuvieras que llevar esas palabras al estómago, "Lo que más quiero crear en mi vida es... llegar a lo profundo de mí".

Cliente: Mi verdadero deseo es encontrarme con mi verdadero yo.

Respirar

Centrarse

Robert: Ah, eso es interesante. Y observa la forma en que la cabeza dice que la intención es más abstracta: "llegar a lo profundo de mí". Y las palabras desde este lugar más profundo son: "Quiero encontrarme con mi verdadero yo". Y solo quiero que sepas que cuando te escucho y te veo decir eso, también quiero conocer a tu verdadero yo. Y tengo una curiosidad: cuando dices eso y dejas que las palabras resuenen aquí, ¿cuál es la imagen que te surge?

Cliente: Veo un ángel y la luz radiante a su alrededor, brillando.

Robert: Eso es interesante. Demos la "bienvenida" a ese ángel. Tengo curiosidad: ¿hay un gesto que acompaña cuando dices esas palabras: "Quiero encontrarme con mi verdadero yo" y ves a ese ángel?

Cliente: (Dobla los brazos a su alrededor). Quiero abrazarme.

Robert: Fantástico. Pues bienvenido.

Entonces, la siguiente pregunta es sobre algo que podemos poner en tu línea de tiempo para que podamos comenzar a crear tu guion gráfico. ¿Existe algún contexto en tu vida en el que eso sea realmente importante, o tal vez en el que ahora mismo te resulte desafiante conocer tu verdadero yo? Podría ser en una relación personal o laboral, o... ¿Dónde te gustaría tener esta conexión con tu verdadero yo?

Cliente: En el trabajo.

Robert: En el trabajo. Aquí es donde sería interesante avanzar en tu línea de tiempo hasta algún momento futuro en el que puedas estar completamente conectada con tu verdadero yo en el trabajo. ¿Cuál parece ser un buen marco temporal para eso? ¿Sería el próximo mes o dentro de seis meses cuando podrías sentir esto? ¿Cuál sería un marco de tiempo realista para que verdaderamente seas tú misma en el trabajo?

Cliente: Como un año.

Robert: Un año. Genial, eso tiene sentido para mí. Entonces, este es nuestro primer movimiento hacia el modo realista. Decimos: "Una meta es un sueño en una línea de tiempo". Si no pongo el sueño en una línea de tiempo, sigue siendo un sueño. Si sigo diciendo "algún día", solo soy un soñador. Pero cuando digo "un año", ahora de repente ese sueño se ha convertido en una meta. Si no le pones un tiempo, no es un objetivo. Entonces, este es un primer paso muy importante para el realista. Caminemos hasta ese lugar dentro de un año en tu línea de tiempo. Y realmente queremos tener una intensa sensación de ese estado deseado. Deja que tu cuerpo avance en esa línea de tiempo hasta donde sientas espontáneamente: "Esto es aproximadamente un año".

Cliente: (El cliente da varios pasos en su línea de tiempo y se detiene).

Robert: Genial, y supongamos que te tomas un momento y te colocas aquí en tu futuro, en el contexto del trabajo, ve lo que ves, escucha lo que escuchas, siente lo que sientes. ¿Cómo sabes:" ¡Sí! Realmente he hecho esa conexión profunda con mi verdadero yo y puedo traerla aquí, a mi trabajo"? ¿Qué notas? ¿Qué cosas distingues más claramente que son diferentes o que han cambiado? Tal vez sea lo que ves, o lo que sientes, dices o haces. ¿Qué es lo más importante para ti?

Cliente: Mis sensaciones internas han cambiado. Me he ampliado y me he vuelto más yo misma. Allá atrás (señala el presente en la línea de tiempo), yo era como una gota, pero aquí en mi futuro soy como el océano.

Robert: Impresionante. El poeta Rumí tenía un dicho muy bello: "No eres una gota en el océano. Eres todo el océano en una gota". Entonces, eres una gota que se convierte en océano. ¿Implicaría esto un cambio en el gesto de tu intención? ¿Cuál sería tu modelo somático "ahora que estoy en el trabajo y soy el océano"?

Cliente: (Mueve los brazos en un amplio gesto circular que vuelve a su cuerpo. Sonríe ampliamente). Deseo abrazar al mundo entero.

Robert: Ah, eso es interesante. Entonces, allá atrás (señala "el presente" en la línea de tiempo), me estoy abrazando a mí misma y aquí, en mi futuro, quiero abrazar al mundo. Y veo una sonrisa tan grande. Hagámoslo de nuevo.

Cliente: (Repite el gesto y sonríe ampliamente).

Robert: (Refleja el gesto). Fantástico. Estupendo. ¿Cuánta fuerza tiene tu compromiso con esta intención? De cero a diez.

Cliente: Diez.

Robert: Diez. ¿Y en qué parte de tu cuerpo sientes más ese compromiso?

Cliente: Está aquí (señala su corazón).

Robert: Fantástico. Bien, ahora volvemos al presente en tu línea de tiempo (Robert y la cliente regresan al comienzo de la línea de tiempo). Y nos mantenemos conectados con tu intención de "conocer al yo verdadero en el trabajo" y la imagen del ángel, la gota que se convierte en el océano y ese gesto de abrazar al mundo.

Cliente: (Mueve los brazos en un amplio gesto circular que regresa a su cuerpo).

Robert: Y mientras estás aquí en el presente, ¿con qué fuerza sientes la conexión positiva con tu centro somático?

Cliente: Nueve.

Robert: Estupendo. Entonces, tenemos estas dos conexiones: mi intención y mi centro somático. Ahora queremos conseguir la tercera conexión. Mientras piensas en este viaje para convertirte realmente en ese océano en el trabajo: ¿quién o qué de tu campo mayor de recursos vas a necesitar para apoyarte?

Cliente: A mi hijo.

Robert: Tu hijo. ¿Cómo se llama?

Cliente: Alex.

Robert: ¿Dónde sentirías a Alex si tuvieras que traer su presencia aquí?

Cliente: Aquí (señala su lado izquierdo).

Robert: Y en este momento. De cero a diez, ¿con cuánta fuerza sientes la conexión con Alex?

Cliente: (Sonríe ampliamente). Diez.

Robert: Diez. Lo veo. ¡Hola, Alex! Bienvenido.

Entonces, si tuvieras que dar el primer paso desde aquí hacia ese estado deseado dentro de un año, ¿cuál sería ese paso? Y tenemos que tener cuidado. No queremos meternos en la cabeza para encontrar la respuesta. Queremos quedarnos con esta inteligencia más profunda (mueve los brazos en un gesto circular que vuelve a su cuerpo). Simplemente, da el paso y mira qué emerge. Si dieras ese primer paso: ¿qué harías? Lo que se te ocurra podría ser algo muy práctico, concreto y literal. También puede ser más simbólico o metafórico. Puede venir en palabras o imágenes. Tengo curiosidad por saber qué te viene como primer paso en este viaje.

Cliente: (Da un paso y extiende los brazos en un gesto circular que vuelve a su cuerpo). Lo primero que me viene es que tengo que tener valor para mirar dentro de mí.

Robert: Entonces, hagamos una pausa (hace un gesto de pausa). Baja el ritmo. Inspira realmente eso (refleja el gesto del cliente). Y solo quiero decir que yo realmente lo siento resonante y adecuado: el coraje de mirar de verdad hacia dentro. Y mientras respiramos esto, siento curiosidad: ¿cuál es la imagen que te viene?

Cliente: Veo la puerta abriéndose.

Robert: La puerta abriéndose.

Cliente: Son unas puertas grandes y hay una sala, y un pasillo gigante que es realmente magnífico y está bellamente decorado. Es realmente precioso.

Robert: ¿Y cuál es tu gesto para representar este coraje de abrir la puerta?

Cliente: (Abre los brazos desde el cuerpo como si empujara las puertas con valentía y da un paso hacia adelante). Así (sonríe ampliamente).

Robert: Veo que ya has atravesado la puerta. ¿Qué pasaría después?

Cliente: Es extraño, pero hay un océano ahí.

Robert: ¿Un océano allí? Eso es interesante. Y, por cierto, siempre es una buena señal cuando dices :"Es extraño". Significa que no proviene de tu mente cognitiva. Entonces, surge este océano. ¿Y qué representa eso para ti?

Cliente: Me sorprende porque pensé que el océano estaría ahí (señala el estado futuro en la línea de tiempo).

Robert: Entonces, ¿qué significa que el océano esté aquí? ¿Qué harías con el océano? ¿Metes el pie en él? ¿Nadas en él? ¿Lo bebes? ¿O qué?

Cliente: Nadar (hace un movimiento de natación con los brazos). Nadar.

Robert: Interesante. Nadar (refleja el movimiento de natación). Entonces, mientras nadas, ¿qué sucede después?

Cliente: Necesito una pausa (lleva los brazos a los costados).

Robert: Fantástico (lleva los brazos a los costados). Entonces, tengo curiosidad. Dices: "Pausa". ¿Qué pasa aquí? ¿Para qué realizas la pausa?

Cliente: Quiero disfrutar el momento. Quiero vivirlo (sonríe ampliamente).

Robert: Hagamos una pausa y respíralo a través de tu cuerpo. "Quiero disfrutar el momento". Por tanto, el coraje es importante, pero también el disfrute. Porque, coraje sin disfrute, ¿de qué sirve? La alegría sin coraje no va a ningún lado. De modo que, mientras disfrutas de este momento, ¿qué sucede? ¿Qué te viene?

Cliente: No tengo ningún pensamiento, simplemente me siento tranquila, segura y confiada.

Robert: Tranquila, segura y confiada. Entonces, tenemos coraje, alegría, calma, seguridad y confianza. ¿Y te viene alguna imagen con eso?

Cliente: Nubes. Sé que puedo acostarme sobre ellas y no me caigo a través de ellas. Me abrazan. Me elevan.

Robert: ¿Cuál es tu modelo somático para eso? Disfrutar del lugar sintiéndote segura y confiada.

Cliente: (Duda por un momento y luego extiende los brazos hacia delante como si estuviera sosteniendo a un niño).

Robert: Respiremos con eso por un momento. Digo esto porque he notado que ha habido un poco de CRASH por un momento. Así que, respiremos con eso y repitamos el gesto (extiende los brazos frente a él como si sostuviera a un niño).

Cliente: (Extiende sus brazos frente a ella como si estuviera sosteniendo a un niño).

Robert: Y realmente quiero que te tomes tu tiempo con esto. Recuerda, tu intención es ser más profunda, llegar realmente a conocerte a ti misma.

Cliente: Quiero abrir mi corazón de esta manera (extiende los brazos frente a ella como si estuviera sosteniendo a un niño).

Robert: Hagámoslo lentamente (refleja el gesto lentamente).

Cliente: (Hace el gesto lentamente). Para abrirlo y no volverlo a cerrar. Para mantenerlo abierto.

Robert: Puedo entender por qué podría haber algo de CRASH en eso. Una cosa es abrir la puerta. Y otra distinta abrir realmente el corazón. Si realmente fueras a abrir tu corazón, especialmente en el trabajo: ¿qué recursos necesitarías? Asegúrate de que Alex esté aquí contigo.

Cliente: Es libertad. Es como el viento. El viento evita cualquier obstáculo y nada puede detenerlo (mueve los brazos por delante en un movimiento ondulatorio).

Robert: (Refleja el movimiento). Un viento imparable.

Cliente: Puede moverse libremente y cambiar de dirección (repite el movimiento ondulatorio y comienza a hacer un ruido como el del viento). Fuuuuu, fuuu...

Robert: Soy una persona auditiva. Siempre me siento feliz cuando llega un sonido. Imágenes, sentimientos, palabras, eso es bueno. ¡Pero los sonidos son realmente geniales! (Espeja el movimiento). Fuuu, fuuu...

Cliente: Y solo va muy, muy lejos hacia adelante.

Robert: Bien. Fantástico. Cuando dices eso y haces eso, siento escalofríos por todo mi cuerpo. Ahora, estamos casi listos para nuestro próximo paso. Por tanto, revisemos el guion gráfico desarrollado hasta ahora. "Tengo mi intención, mi centro y a Alex, y el primer paso: tener el coraje de abrir la puerta" (abre los brazos desde su cuerpo como si empujara las puertas para abrirlas).

Cliente: (Refleja el gesto). Y después nadar (hace un movimiento de natación con los brazos). Y luego las nubes (extiende los brazos frente a ella como si sostuviera a un niño). Y luego el viento (hace un movimiento ondulatorio). Fuuu, fuuu...

Robert: Y luego: ¿qué pasa?

Cliente: Nada me puede parar.

Robert: Te creo. ¿A dónde vas?

Cliente: No quiero detenerme. Quiero seguir adelante.

Robert: Entonces, recuerda que teníamos este lugar en tu mundo laboral. Entonces, si llevas el viento al trabajo, dentro de un año: ¿qué pasará en el trabajo con ese viento?

Cliente: (Mueve las manos desde el vientre hasta la garganta y luego hace un gesto como una fuente). Habrá una sensación de libertad y podré hablar libre y abiertamente.

Robert: (Refleja el gesto). Hagamos una pausa. Aquí hay algo muy importante. "Tendría una voz. Hablaría libre y abiertamente". Deja que esta voz se exprese, especialmente a través de tu garganta. "Puedo hablar libre y

abiertamente en el trabajo" (repite el gesto). ¿Qué sucede contigo cuando conectas con eso?

Cliente: El viento se ha transformado. Ha cambiado de forma. Es como una tubería, como un huracán. Pero no destruye nada. Va libremente. Y se transforma fácilmente.

Robert: Bueno, tienes una voz poderosa cuando hablas por ti misma. ¿Entonces, qué pasa? ¿Qué quieres hacer a continuación?

Cliente: Me siento más relajada en mi cuerpo. Y tranquilidad, y una especie de confianza básica en que todo estará bien.

Robert: Es muy interesante. Dicen que en el centro del huracán siempre hay tranquilidad.

Cliente: Está realmente tranquilo adentro. Adentro no hay viento. El viento está afuera.

Robert: Eso es interesante.

Entonces, aquí tenemos este guion gráfico muy simbólico y metafórico, que en muchos sentidos es apropiado para hacer un cambio en el nivel de la identidad. En última instancia, exploraremos cómo expresarlo en acciones y contextos específicos. Pero ahora lo más importante es conseguir realmente que este guion gráfico entre en el músculo.

Cuando construyes un guion gráfico como este en el Coaching Generativo, es el tipo de cosa que también comienza a entrar en tus sueños. Se convierte en una parte importante de ti. No tienes que preguntarte de nuevo: "¿Cuál era mi guion?". Es el camino que te guía. Por tanto, caminemos esto una vez más, cuando estés lista.

Cliente: (Trasladándose al comienzo de la línea de tiempo). Empiezo por abrazarme así (cruza los brazos a su alrededor). A continuación, tengo el coraje de abrir la puerta, así (abre los brazos desde el cuerpo, como si abriera las puertas con valentía y da un paso adelante). Luego nado en el mar (hace un movimiento de natación). Después, hago una pausa y descanso en las nubes (extiende los brazos por delante como si estuviera sosteniendo a un niño). Y entonces, soy libre como el viento, imparable (hace un movimiento ondulatorio con los brazos). Fuuuuuu, fuuuuu... Y eso se convierte en un huracán (mueve las manos desde el vientre a la garganta y luego hace un gesto como si fuera una fuente).

Robert: ¿Y qué pasa?

Cliente: Entiendo que necesito tener más coraje en el trabajo. Sé hacer muchas cosas interesantes, pero no se lo cuento a la gente. He comenzado a pensar que es valioso que diga algunas cosas. Por ejemplo, puedo ayudar a la gente a sanar. Trabajo con coaches, psicólogos y facilitadores. Les ayudo a ampliar su potencial. Trabajo con casos difíciles. La gente viene a mí cuando les parece que no tienen salida y yo les ayudo. Por ejemplo, ayudé a quedarse embarazada y dar a luz a un hijo a una chica a la que le habían dicho que era estéril.

Robert: Gracias sinceramente por compartir todo eso. Me suena que tienes un gran regalo que traer al mundo y que has decidido "abrir la puerta". Es bueno saber más sobre tu yo real.

Esta es una ilustración interesante, por cierto, de cómo funciona la fragmentación. Empezamos con imágenes y gestos simbólicos. Y ahora, el guion gráfico comienza a volverse literal. Estás mostrando el coraje de hablar de estas cosas ahora mismo. Y por eso decimos que este trabajo es "generativo". No empezamos planificando: "Bueno, voy a decir esto o aquello". Pero cuando reúno los recur-

sos adecuados, digo espontáneamente las cosas adecuadas en el momento adecuado.

Solo me gustaría decir que te envío todo mi apoyo y, como solía decirnos Milton Erickson, "si lo necesitas, mi voz te acompañará para recordártelo". Pero es posible que no diga las palabras. Podría simplemente decir "Fuuuuu, fuuuu..." (Aplausos).

Cliente: Muchas gracias por eso.

Robert: ¿Algunas palabras de cierre que quieras decirles a tus compañeros de clase?

Cliente: Realmente quiero abrirme a la gente y ayudar a los demás. Y si lo que estoy haciendo resuena en alguno de vosotros, me encantaría conectar con vosotros, porque disfruto mucho lo que estoy haciendo y me gustaría compartirlo.

Robert: Gracias. Por eso, Stephen y yo iniciamos la IAGC. Para tener una comunidad generativa y compartir los recursos entre nosotros. Bienvenidos a esta comunidad. ¿Cuántos de vosotros le enviáis apoyo? (Aplausos).

Cliente: Gracias.

Realizar un guion gráfico de estructura profunda

IMÁGEN DE LA INTENCIÓN: TRANSFORMARSE EN UNA GOTA EN EL MAR

CONÓCETE A TI MISMO

INTENCIÓN: ENCONTRARME CON MI VERDADERO YO

ABRIR LA PUERTA

NADAR EN EL OCÉANO

CADA PASO DEL GUION ESTÁ EXPRESADO EN PALABRAS, EN UNA IMÁGEN SIMBÓLICA Y CON UN MODELO SOMÁTICO.

PAUSA: DISFRUTA DEL MOMENTO

CONVERTIRSE EN EL VIENTO IMPARABLE

LIBERAR MI VOZ

El tipo de guion gráfico que Robert ayudó a su cliente a hacer en esta demostración es lo que llamaríamos un "guion gráfico de estructura profunda". Se trata más de un viaje interior, que debe tener lugar antes de que pueda ser transformado en expresiones conductuales concretas. La intención del cliente de "comprender su profundidad" y "encontrarse consigo misma" guarda relación con un cambio de identidad, más que con un objetivo conductual específico. Cuando hacemos un cambio a nivel de la identidad, comenzarán a cambiar muchos comportamientos específicos, como vimos que empezaron a suceder en la demostración.

Usar un registro diario para obtener feedback

Como ilustran ambas demostraciones, el proceso de pasar a la acción requiere una elaboración, revisión y refinamiento constantes. Por lo tanto, es importante utilizar continuamente el feedback para optimizar el guion gráfico. Para respaldar esto, a veces le pediremos al cliente que lleve un diario y que reflexione sobre:

* ¿Qué comportamientos/pensamientos/acciones apoyan tu intención?

* ¿Qué comportamientos/pensamientos/acciones te alejan del progreso hacia alcanzar tu intención?

Luego, el cliente puede usar esa información para saber qué ajustes hacer en su guion gráfico. Una receta simple para ayudar al cliente a hacer uso del feedback de su diario es determinar: "¿Cuáles son los comportamientos que no ayudan y que dejaré de lado? ¿Cuáles son los comportamientos que repetiré más?".

Involucrar al "crítico" para pulir el guion gráfico

De manera natural, el proceso de obtener feedback comienza a involucrar la mentalidad del "crítico". El feedback obviamente se relaciona con preguntas "críticas" como: "¿Qué falta en tu plan actual?" y "¿Qué necesitas perfeccionar, modificar o cambiar del plan?".

Comenzar a explorar otras preguntas críticas como: "¿Qué comportamientos/pensamientos/acciones me alejan de la realización de mi intención?" y "¿Cuáles son los comportamientos que no me ayudan y que dejaré de lado?", por su propia naturaleza nos llevarán al quinto paso del proceso de Coaching Generativo: transformar los obstáculos.

Asimismo, preguntas críticas como, "¿Quién podría verse afectado positiva o negativamente por el logro de tu intención? ¿Por qué alguien podría objetar que alcances tu intención?" y "¿Cuáles son sus necesidades o expectativas?" nos llevarán a identificar y enfrentar obstáculos e interferencias importantes que tendrán que ser abordados y transformados.

En el próximo capítulo, exploraremos cómo abordar estos problemas y desafíos en el Coaching Generativo.

Pasar a la acción proyectando tu intención en el futuro y, después, usando el "Soñador, el Realista y el Crítico" para ayudarte a hacerla realidad.

El Mundo

El mundo sigue su marcha,
tanto si la sigues como si no.

El mundo te lo da todo,
sin tener en cuenta
si estás preparado para ello.

El mundo te completa,
por mucho que
ames tus limitaciones,
y te devuelve
lo que rechazas.

El mundo ofrece demasiado
a los cautos,
esconde demasiado
para los temerosos,
exige demasiado
de los tímidos
y quita demasiado
a los avaros.

El mundo es cosecha
para los audaces
y un infierno
para los hipócritas.

El mundo es una prisión
para los
que intentan escaparse
de él,
y un paraíso para los
que se enamoran de él.

Tú eliges
si el mundo
es tu amigo
o tu enemigo,
porque el mundo
es un peso

El mundo gira
contigo, incluso cuando
tú le das la espalda.

cuando intentas
llevarlo
y una bendición
cuando
dejas que te lleve.

Nick LeForce

Capítulo 7

Quinto paso
Transformar los obstáculos

El quinto paso del proceso de Coaching Generativo trata de qué hacer cuando te encuentres con las inevitables interferencias y obstáculos que hallarás en tu camino creativo. En el Coaching Generativo, decimos: "Cuanto más interesante sea la vida que quieras tener y más éxito quieras crear en el mundo, más grandes serán los 'demonios' que atraerás".

Esto puede sonar cínico, pero en realidad adoptamos una actitud básicamente positiva hacia los obstáculos y las resistencias. Decimos que los obstáculos, los problemas y los fracasos son parte integral y esencial de cualquier tipo de éxito creativo. Basándonos en el trabajo de nuestro mentor, Milton Erickson, y en prácticas como el Aikido, buscamos cómo poder dar la bienvenida a los obstáculos. A continuación, exploraremos cómo involucrarnos creativamente con un obstáculo para transformarlo en un recurso.

De hecho, una de las partes más singulares y poderosas del proceso de Coaching Generativo es nuestra actitud hacia los obstáculos. En lugar de tratar de evitar obstáculos, derribarlos y eliminarlos, en realidad los estamos incorporando como una parte clave del proceso creativo. Sin obstáculos, sin perspectivas contradictorias, no hay verdadera creatividad. También consideramos que abordar los obstáculos es una parte clave de la ecología del proceso de cambio.

Así que, realmente, es un beneficio analizar profundamente la pregunta: "¿Cuál es el núcleo, cuál es la naturaleza de estas experiencias negativas y por qué están sucediendo en este momento?". Y la idea básica del Coaching Generativo es que estas experiencias, aparentemente negativas en su núcleo, representan las competencias o los recursos necesarios para avanzar.

El núcleo de estas experiencias no es ni bueno ni malo. Es una energía o una aptitud. Y lo que determina cómo se expresa es el estado de nuestros filtros, ya sea que estén en un estado COACH o en un estado CRASH (bloqueo neuromuscular). Nuestro enfoque para hacer frente a los obstáculos es la no violencia creativa; enfatizamos la importancia de su transformación e integración como una parte necesaria del Cambio Generativo. Por lo tanto, uno de nuestros objetivos fundamentales en el quinto paso es identificar los estados CRASH (problemas/obstáculos) y transformarlos creativamente en estados COACH (recursos positivos).

Y por tanto, hacemos énfasis en esta teoría de dos niveles de la construcción de la realidad. En el nivel primario, las cosas están organizadas como paquetes cuánticos, estructuras profundas o arquetipos que pueden experimentarse y expresarse en infinitas formas diferentes. Representan necesidades universales y recursos universales.

Los obstáculos como complementariedades generativas

En el Coaching Generativo, esencialmente, vemos los obstáculos como un intento de traer equilibrio y plenitud al sistema. Este es el fundamento positivo de nuestra comprensión de cuándo y por qué surgen constantemente experiencias negativas en el curso de un camino creativo. La razón por la que los obstáculos aparecen de forma negativa es que el intento de lograr el equilibrio ha quedado distorsionado por un estado CRASH.

El gran psicólogo suizo Carl Jung dijo: "El inconsciente siempre está compensando los sesgos del consciente". Por ejemplo, si mi mente consciente piensa algo como "Estoy demasiado gordo, necesito bajar de peso" y me pongo en una dieta estricta: ¿con qué crees que voy a empezar a soñar después de una semana? ¿Apio? ¿Ensalada? No. Más probablemente con algo como pastel de chocolate y helado.

Nos gusta decir que la unidad psicológica básica es la relación entre los opuestos. Carl Jung recuperó el antiguo término griego enantiodromia para describir esta dinámica. *Enantio* significa "que contiene su opuesto". *Dromos* significa "seguir su curso". Entonces, "enantiodromia" significa que eventualmente todo se convierte en su opuesto; es decir, se transforma en su opuesto. Como escribió el filósofo griego Heráclito, "las cosas frías se vuelven cálidas, las cosas cálidas se enfrían, las cosas húmedas se secan y las cosas resecas se humedecen". Así, exhalar se convierte en inhalar, inhalar se convierte en exhalar, y así sucesivamente.

De este modo, por cada parte de un sistema que dice: "Quiero hacer esto", hay otra parte del sistema que necesita hacer lo contrario para compensarlo o equilibrarlo. Y tenemos que ser capaces de dar una bienvenida positiva a ambas partes: "Hay una parte de mí que realmente quiere estar abierta a ti, y hay una parte de mí que realmente necesita permanecer cerrada y segura dentro de mí". Necesitamos sentirlo todo como parte del mismo ritmo. Necesito decir "sí" y necesito decir "no". Necesito mostrarme, necesito interiorizarme. Necesito trabajar duro, necesito descansar. Necesito dar a otras personas, necesito recibir algo para mí.

Uno de nosotros tenía un cliente que dijo: "Durante el próximo año de mi vida, mi intención es vivir una existencia libre. Quiero ser abiertamente espontáneo con todo y no tener planes ni reglas". Como coach generativo, empezaríamos a preguntarnos con humor: ¿Quién es el "gemelo malvado" encerrado en el sótano? ¿Quién es el yo complementario? Si voy a vivir mi vida libremente, ¿qué pasa con mi sentido del deber hacia todos los que dependen de mí?

¿Qué es más importante, la sensación de compromiso con tu familia o la sensación de compromiso con tu propio camino en libertad? ¿Es tu familia más importante que tu camino en libertad, o piensas "Al diablo con la familia. Que cada hombre y mujer se ocupe de sí mismo". Está claro que debe haber algún tipo de equilibrio.

Equilibrar las complementariedades generativas

Cuando expresamos estas polaridades complementarias en términos tan obvios, esperamos que sea evidente que forman parte de un mismo ritmo creativo. Una buena representación de esto es el símbolo taoísta del yin y el yang. Por lo general, cuando pensamos en "abierto y cerrado" o "luz y sombra", pensamos en uno de ellos como "bueno" y en el otro como "malo". Entonces, la luz es "buena" y la sombra es "mala". Pero en este modelo, no son ni buenos ni malos. En el I Ching, el libro de las mutaciones, los personajes son el sol convirtiéndose en luna, convirtiéndose en sol, convirtiéndose en luna.

Una de las preguntas que a menudo hacemos a nuestros estudiantes y clientes es: "¿Es mejor inhalar o es mejor exhalar? ¿Cuál es mejor?". La respuesta suele ser algo como: "Bueno, depende de cuál hayas estado haciendo". A continuación, preguntamos: "Está bien. ¿Es mejor descansar o estar lleno de energía?". En este punto, algunas personas pueden comenzar a decir: "Bueno, es mejor estar lleno de energía". Luego preguntaremos: "¿Es mejor sentir tristeza o sentir alegría?". La mayoría de la gente dirá: "¡Es mejor sentir alegría!". Pero, en realidad, las tres son la misma pregunta.

Considera, ¿qué es más importante: conectar con los demás o conectarte contigo mismo? Para muchos de nuestros clientes, es uno u otro. Es, o bien "mi deber para con la familia", o bien "mi compromiso de cuidar de mí mismo". Y cuando asignamos valores rígidos, como que un lado es bueno y el otro es malo, se crea un problema.

Como ejemplo, hace algunos años estábamos realizando un seminario en Alemania. Había una mujer allí que se hizo bastante notoria durante el programa. De vez en cuando escuchábamos un "bang" porque se quedaba dormida y se caía de la silla al suelo. Admitimos que no es extraño que la gente se quede dormida en nuestros talleres, pero esto parecía un poco exagerado. Le preguntamos: "¿Somos nosotros?". Ella dijo: "No, no, me pasa constantemente". Dijo que le habían diagnosticado "narcolepsia" y que podía quedarse dormida repentinamente en cualquier momento.

Así que, acordamos hacer un trabajo de coaching con ella. Pero, previamente, hicimos una apuesta entre nosotros sobre lo que descubriríamos de su sistema familiar. ¿Qué podría estar equilibrando su narcolepsia? ¿Cómo era su sistema familiar? ¿Qué pensábamos que sería el opuesto de esos síntomas narcolépticos? ¿Pensamos que ella creció en una familia donde la gente valoraba el descanso y se aseguraba de dormir bien y cuidarse?

Resultó que provenía de una familia de inmigrantes. Llegaron al país sin un centavo y sin educación, y habían trabajado muy duro para tener éxito. Su madre se hizo médica y su padre era maestro de escuela. Su lema familiar era: "un ciento diez por ciento de esfuerzo el cien por cien del tiempo". Imagínate crecer en una familia donde dar el cien por cien no es suficiente. Tiene que ser un esfuerzo del ciento diez por cien todo el tiempo. ¿Qué síntoma podría desarrollar su inconsciente para llevar equilibrio a ese campo?

Probablemente, todos estaríamos de acuerdo en que "descansar" es una necesidad universal. Y en el inconsciente hay almacenado un océano de muchas, muchas, muchas formas posibles de descansar. Entonces, cuando necesitas descansar, el patrón universal comienza a activarse. A medida que atraviesa tu sistema nervioso, el segundo nivel es cómo te encuentras con él y lo saludas. Este potencial cuántico de infinitas posibilidades colapsa en una realidad concreta.

Entonces, necesitamos descansar. Pero, cuando el descanso pasa por el filtro "el descanso es malo", se manifiesta de forma negativa. Si queremos transformar eso en un recurso, le decimos a la expresión del síntoma "Bienvenida". Aportamos una conexión positiva, un filtro positivo, e invitamos a la persona a descubrir cómo descansar de diversas formas positivas y muy interesantes.

Mantener las complementariedades generativas en un estado COACH

Por lo tanto, a medida que una estructura profunda se manifiesta a través de tu conjunto de filtros, el estado de dichos filtros determinará cómo se expresa como estructura superficial. Así, si mis filtros están en un estado, esa estructura profunda se expresa de una manera. Si mis filtros están en otro estado, exactamente la misma estructura profunda aparece en una forma diferente. Si esos filtros están esencialmente en un estado CRASH, la necesidad de descansar, por ejemplo, puede convertirse en algo parecido a la narcolepsia. Si la misma necesidad arquetípica llega a través de un estado COACH, tomará una forma más integrada. Es la misma estructura profunda esencial, el mismo patrón arquetípico esencial, expresado a través de un estado diferente de nuestros filtros.

Cuando ambos lados de un conjunto equilibrado de complementariedades se expresan a través de filtros CRASH, se crea una creciente polarización que desequilibra aún más el sistema. Sería como si un cliente dijera: "Solo quiero seguir exhalando, pero me veo obligado a inhalar. ¡Y el síntoma está empeorando! ¡Cuanto más trato de detenerlo, más fuerte se vuelve la compulsión de inhalar!".

Tenemos un diagrama un poco más complejo para representar esto que el círculo grande y el pequeño. Dentro de un pequeño círculo, hay otros dos círculos pequeños.

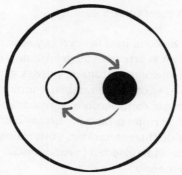

Los dos pequeños círculos representan un par de complementariedades generativas. Uno podría ser "exhalar" y el otro "inhalar", por ejemplo. Uno podría ser "ir" y el otro "parar". O "trabajar" y "descansar". Si mantengo esta relación en el círculo más grande de un estado CRASH, seguirá siendo cada vez más desconectada, exagerada y bipolar.

Por ejemplo, uno de nosotros trabajó con un cliente que dijo:

—Tienes que ayudarme a relajarme.

Se le preguntó:

—Por curiosidad, ¿bebes café?

—Sí, dieciocho tazas al día —dijo ella.

La respuesta a eso fue:

—Mujer, tienes que dejar de consumir cafeína. No puedo ayudarte a relajarte si bebes dieciocho tazas de café al día.

—No puedo retroceder —dijo ella—. Tengo que tomar esa cantidad de café.

Entonces, la siguiente pregunta fue:

—Si no bebieras café en todo el día, ¿qué pasaría?

Pensó un rato y respondió:

—Me metería en la cama, me taparía la cabeza con las mantas y nunca me levantaría.

Así, en su mapa del mundo, esas son las dos opciones polarizadas: beber 18 tazas de café o meterse en la cama y no levantarse nunca.

Este es uno de los desafíos clave que debemos reconocer en el Coaching Generativo. Cuanta más fuerza dé un cliente a un lado de una complementariedad natural, más lucha el otro lado para crear el equilibrio. Esta es la razón por la que Milton Erickson afirmaría que "el síntoma es la solución".

Los obstáculos como recursos

Si afrontas este intento de equilibrar la energía y el sistema con una presencia acogedora, como ocurre en el arte marcial del Aikido, tienes la oportunidad de estar en relación y en conexión. Entonces, puedes explorar su verdadera intención. Cuando se relaja, es capaz de cambiar y moldearse de muchas formas diferentes. Cuando intentas controlarlo o te resistes a él, tienes la sensación de: "Siento que no se me permite estar aquí, no soy bienvenido aquí, tengo que luchar". La única forma de interpretarlo es en términos de violencia o desconexión. Eso no es innato o intrínseco a la experiencia. Es un reflejo de la relación humana con la experiencia.

Entonces, lo que traemos a este proceso en el Coaching Generativo es una conexión consciente, positiva, curiosa y hábil. Aquí tenemos una receta muy sencilla. Indica que si traes esta energía o patrón arquetípico a través de un estado CRASH y se le recibe en un estado CRASH, obtendrás una expresión negativa. Vas a tener un supuesto problema u obstáculo. Cuando puedas dar la bienvenida al mismo patrón arquetípico o energía en un estado generativo, obtendrás un recurso creativo.

Uno de nosotros estaba asesorando a una mujer cuya familia trabajaba constantemente y eran grandes triunfadores. ¿Con qué tipo de obstáculo crees que se encontró? Fatiga crónica. La familia estaba horrorizada. No podía levantarse de la cama. Parte del proceso de coaching fue decir:

—Tomemos un momento para reducir la velocidad. Nos gustaría decirle a esa parte tuya que está experimentando fatiga crónica, bienvenida. Estoy seguro de que está aportando algo importante al sistema. Nos gustaría darle la bienvenida a la conversación.

Y luego se le preguntó, si esa parte de ella pudiera hablar, ¿cuál era su intención positiva? ¿Cuál era su necesidad? Y ella dijo:

—Solo quiero rendirme.

Ahora bien, ¿eso es bueno o malo? ¿O es más profundo? De una forma u otra, te atrapará. Vas a rendirte.

A continuación, hizo una pausa y dijo:

—Pero me gusta mucho mi trabajo.

Ella había desarrollado sistemas de salud pública para comunidades pobres en una ciudad importante. Sus programas fueron increíblemente generativos. Salvó la vida de cientos de niños. Los programas estaban especializados en apoyar a familias y niños pobres.

En su mapa del mundo, o trabaja como un demonio o se va a estar tumbada en las playas de California, deja su trabajo y simplemente se relaja. ¿Qué crees que deberías aconsejarle? ¿Playas de California o vuelve al trabajo y no seas tan vaga? ¿Qué piensas?

La cuestión es que hay miles de kilómetros de territorio inexplorado entre las dos polaridades. Entonces, ¿cómo puedes abrirte a la experiencia de rendirte? ¿Qué aspecto tiene la rendición? La fatiga crónica o la depresión o beber alcohol sería una forma, pero hay infinitas posibilidades de experimentar la rendición. Entonces, cuando decimos "bienvenido", ese patrón se relaja. Y ahora puedo volver al océano de infinitas posibilidades y decir: "Podría rendirme acostándome en la cama, puedo ir a la playa o puedo ir a trabajar, o puedo rendirme momento a momento con cada respiración y volver a casa, a mí misma. Y descubrir a cada momento cómo es el rendirse ahora mismo". Me permite ser feliz y atender aquello que estoy intentando hacer.

Cuando puedas sostener esa relación entre complementariedades generativas en un campo COACH más amplio, se convertirá en algo que se parezca más al símbolo Yin-Yang.

Dar la bienvenida a los obstáculos

De acuerdo con los principios del Cambio Generativo, no tenemos que intentar deshacernos de grandes fragmentos de nuestra experiencia. Creamos que cualquier cosa que encontremos, si nos damos un poco de tiempo y un poco de conexión, podemos hacer un uso creativo de lo que nos ofrece la vida para ser seres humanos más felices y exitosos.

¿Crees que si tuvieras eso como una creencia básica, cambiaría tu forma de moverte en el mundo? Por supuesto que sí. Y esta es una de las cosas que el Coaching Generativo puede ayudar a desarrollar en las personas: una confianza humilde en esa creencia.

Para respaldar eso, hay un "mantra" relacional de cuatro partes que usamos, y ya habrás notado que lo repetimos muchas veces en nuestras demostraciones. Se deriva de nuestro trabajo y estudios con nuestro mentor común Milton Erickson.

1. Siempre que nos encontremos con un obstáculo o un potencial obstáculo, lo primero que vamos a decir es, "Eso es interesante". Y nos sentiremos genuinamente curiosos e interesados. "¿No es asombroso? Cada vez que vas a actuar según tu intención, ¿aparece este obstáculo? ¿No es asombroso?". Esta sensación de profunda curiosidad fue uno de los recursos más poderosos del doctor Erickson.

2. "Estoy seguro de que tiene sentido". No me preguntes qué es todavía, voy a ser el último en averiguarlo. Pero sé que tiene sentido. Esto guarda relación con la idea de que todo tiene algún propósito positivo. Como hemos venido señalando en este capítulo, como mínimo los obstáculos son un intento de crear algún tipo de equilibrio o plenitud. Incluso si se expresan a través de una forma CRASH muy distorsionada, sigue habiendo algún propósito o intención positiva detrás de ellos.

3. "Algo está intentando despertar. Algo necesita ser sostenido, escuchado y posiblemente sanado". Por eso, se produce la conmoción. Esa es la perturbación en el campo. Alguna energía del alma está tratando de traer una nueva parte de la experiencia para ayudarte a crecer y evolucionar. Alguna parte clave de tu holón mayor necesita ser reconocida, entendida, dotada de recursos y que se le dé su lugar.

4. "Bienvenido". No damos la bienvenida al azar. Reconocemos que estas presencias forman parte de nuestro holón mayor. Lo que parece ser un obstáculo, no es intrínsecamente negativo; se volverá negativo si lo consideras negativamente. Lo que lo hace negativo es el ser humano maldiciéndolo. Es la relación con él. Como señaló Nick LeForce en el poema al comienzo de este capítulo, si tu relación con los obstáculos es que son tus enemigos, ¿adivina qué? Lo son. Si tu relación con ellos es que son recursos, ¿adivina qué? Eso es en lo que se convierten.

ESO ES INTERESANTE...

ESTOY SEGURO DE QUE TIENE SENTIDO...

ALGO ESTÁ INTENTANDO DESPERTAR.

ALGO TIENE QUE SER SOSTENIDO,

ESCUCHADO O SANADO...

BIENVENIDO

BIENVENIDO

Antes de cada sesión de Coaching Generativo, tratamos de recordar que efectivamente estamos funcionando como comadronas de nuestros clientes. Estos mantras nos ayudan a recordarnos que esta persona viene, sin importar cuál sea su historia de portada, porque algo dentro de ella está tratando de despertar o nacer. Algo en su alma está tratando de venir al mundo. Entonces, queremos poder sentir eso debajo de la historia, porque la historia generalmente no va a nombrarlo de manera directa o precisa. Queremos sentir lo que está tratando de despertar y decir: "Bienvenido". Y a continuación, poder ser una presencia humana que acompañe a la persona, para que pueda traer todo su ser al mundo y decir: "Mi alma me pertenece. Soy un aliado, soy un amigo de todo esto".

Reconciliar el conflicto de los opuestos

Los siguientes pasos resumen nuestro prototipo básico para el proceso de transformación de obstáculos en recursos.

1. Desarrolla un estado COACH (centrado, abierto, alerta y conectado a los recursos).

2. Identifica el obstáculo usando la declaración: "Quiero X, pero Y me detiene...".

3. Sintoniza con "X" (la intención). Siente su centro, desarrolla una conexión positiva (usando los mantras relacionales). Autoescala a un nivel óptimo (7 sobre 10 o más).

4. Sintoniza con "Y" (el obstáculo). Siente su centro, desarrolla una conexión positiva (usando los mantras relacionales). Autoescala a un nivel óptimo (7 sobre 10 o más).

5. Mueve la atención entre X e Y para crear una resonancia de conexión entre ellos. Siente que X e Y son aspectos complementarios del mismo recurso.

6. Utiliza la autoescala para asegurar un equilibrio entre X e Y, y luego sugiere profundizar el enlace de resonancia para promover la integración.

7. A medida que se produce la integración, oriéntate a la intención futura y observa las nuevas respuestas positivas.

Una parte importante de este proceso es utilizar el autoescalado para asegurarse de que haya una conexión positiva lo suficientemente fuerte con cada parte, que sería como un mínimo de 7 sobre 10 o más. Esto se debe a que si hay una presencia y conexión muy fuerte en un lado (digamos un 9) y una conexión débil en el otro lado (digamos un 3), se creará de manera natural un desequilibrio. Por eso, queremos asegurarnos de obtener aproximadamente el mismo nivel de conexión en cada lado. Esto es lo que queremos decir con "optimizar los niveles de intensidad X e Y".

Demostración de cómo transformar las partes en conflicto con el centramiento somático

Lo que sigue es una transcripción de una sesión de coaching que Steve realizó en uno de nuestros programas en la que guía a un cliente a través de este prototipo básico para reconciliar e integrar lo que parecen ser opuestos en conflicto.

Stephen: Así que, quiero daros el modelo somático simple para este proceso. Dice "piii" (toca su corazón con la mano derecha), "piiii" (toca su vientre con la mano izquierda), "wup, wup, wup" (mueve sus manos arriba y abajo entre el corazón y el vientre).

Entonces, tenemos dos lados en conflicto. Y sentimos dónde uno de ellos vive más profundamente en el cuerpo. "Piiii" (se toca el corazón con la mano derecha). Le damos la bienvenida, creamos espacio para él y comenzamos a llevarlo a un estado COACH. A continuación, tenemos el otro lado de la relación conflictiva. ¿Dónde vive eso en el cuerpo? "Piiii" (se toca el vientre con la mano izquierda). Le damos la bienvenida, abrimos un lugar para eso y también lo llevamos a un estado COACH. Ahora tomamos los dos lados y definimos sus centros somáticos en el cuerpo. Creamos una conexión positiva a un lado y una conexión positiva al otro lado, utilizando los mantras relacionales. Y luego sentimos lo que sucede cuando hay un flujo energético equilibrado y fluido entre ellos. "Wup, wup, wup" (mueve las manos hacia arriba y hacia abajo entre la cabeza y el vientre). Y solo cuando sientas este flujo equilibrado entre los dos opuestos, entonces comenzarás a reorientarte hacia lo que quieres crear.

Así que veamos cómo podría suceder eso en la sesión de coaching que estamos teniendo aquí. Lo que estamos diciendo es que una de las fórmulas más sostenidas para crear algo totalmente nuevo es tomar los opuestos y mantenerlos simultáneamente en el mismo campo COACH. Una buena forma de comenzar es sentir un área de tu vida en la que piensas: "Bueno, realmente me gustaría seguir adelante y experimentar esto o crear aquello, pero me encuentro con algún tipo de obstáculo o resistencia".

Una forma sencilla de encontrar eso en una conversación de coaching es en una declaración compuesta por dos partes. La primera parte es: "Lo que quiero crear es esto". Y la segunda parte es "Pero lo que sucede es esto otro, o eso me detiene" (al cliente). Me pregunto si tienes dos partes como estas con las que creas que sería interesante trabajar aquí.

Cliente: Sí. Tengo ganas de empezar un nuevo proyecto y dedicarle toda mi energía, pero me distraigo y pierdo la concentración. Entonces, ni siquiera sé dónde buscar y qué primer paso dar.

Stephen: Entonces, ¿qué dirías que quieres más apasionadamente?

Cliente: Hacer eventos.

Stephen: ¿Cuál sería un ejemplo?

Cliente: Como formador u organizador.

Stephen: Súper. ¿Y el número uno en la lista de fantasía sería...?

Cliente: Que hay mucha gente y se beneficia de ello. Y me dan las gracias, agradecen a los ponentes, están contentos. Acabo de tener uno de esos. Era muy pequeño, pero tuvo mucho éxito.

Stephen: Genial. Si te conectas con eso, ¿dónde lo sientes más profundamente en tu cuerpo?

Cliente: Aquí (se toca el corazón).

Stephen: Eso es genial. Me gustaría decirle a esa presencia, a esta pasión en tu corazón: "Bienvenida. Bienvenida". Es genial. ¿Eh? Sientes esta profunda pasión por crear estos eventos. Y estamos haciendo este proceso solo para dar la bienvenida con las manos, con la respiración, con la mente.

Di "Hola". Estupendo. Este lugar en tu corazón está lleno de un interés apasionado. Genial. Bienvenidos. Gracias por acompañarnos en esta conversación. ¿Qué pasa cuando me escuchas decir esto?

Cliente: Es agradable. Siento tu apoyo.

Stephen: En una escala del uno al diez, ¿cuánto sientes esta conexión en tu corazón?

Cliente: Nueve.

Stephen: ¿De dónde viene este número?

Cliente: No sé.

Stephen: ¿Sientes que viene de aquí? (Señala su cabeza). ¿O de aquí? (Se señala el corazón).

Cliente: De aquí (se toca el corazón).

Stephen: Impresionante. Entonces, hay una pasión positiva dentro de ti que quiere crear estos eventos positivos. ¿Podemos tomarnos algunos momentos para respirar eso? Siente cuán profundamente vive eso dentro de ti. Puedes verlo. Puedes sentirlo. Cada día puedes aprender a entenderlo y apoyarlo. Bienvenidos. Entonces, como ves, estamos pensando en esta mente del ego (se toca la cabeza) como una especie de gerente o representante. Y la pasión creativa viene de otro lugar (se toca el corazón).

Cliente: La siento aquí (se toca el corazón).

Stephen: Genial. Es bueno saberlo. Entonces, en este proceso, a medida que avanzas, y tomas esa pasión y la transfieres a la realidad, ¿qué comienza a suceder? ¿Qué lo apaga o lo bloquea?

Cliente: Es una especie de falta de enfoque cuando empiezo a pensar en cómo realizarlo.

Stephen: No puedo evitar notar esta tensión en tus hombros. Tengo curiosidad, ¿dónde está esa parte que está más tensa, dónde vive dentro de ti? Cuando tienes un sueño tan grande, y realmente quieres crear esos eventos, y luego sucede algo en lo que pierdes el enfoque.

Cliente: Vive aquí (se toca el diafragma).

Stephen: ¿No es interesante? Al acercarte a ese umbral, alguien aquí abajo (se señala el diafragma) dice: "¡Espera un segundo! Espérame. Yo también voy". Estoy seguro de que tiene sentido. A medida que vas a vivir tu sueño, hay cierto miedo o presión que también espera manifestarse. Te pediría que dejes venir un número que represente la edad de esa parte que se asusta.

Cliente: Me viene el número cinco.

Stephen: Solo para tu información. Cuando hago estas preguntas, siempre le pido a mi propia mente creativa que las responda desde mi perspectiva. Lo que me ha venido es cuatro. ¿No te parece encantador? Cuando sale a marcar una diferencia en el mundo, hay una parte más joven de ti que dice: "Hey, espérame. Espérame. Quiero ir". Entonces, te invito a cerrar los ojos por un momento y a sentir el núcleo más profundo de este miedo joven en ese lugar profundo dentro de ti. Espero que esté bien decirle a ese lugar: "Bienvenido. Bienvenido". Y estoy

seguro de que lo que estás trayendo es muy importante para poder hacer realidad el sueño. Por eso, diría: "Bienvenido. Bienvenido. Bienvenido. Bienvenido".

Cliente: Bienvenido.

Stephen: ¿Y qué sucede cuando sientes esa bienvenida positiva?

Cliente: Siento cómo me relajo.

Stephen: Tengo una pregunta que puede resultar interesante. ¿Cómo sería que se asociaran estas dos partes de ti que ya parecen estar profundamente conectadas? ¿Qué opinas de esa idea?

Cliente: No lo he pensado. Es interesante.

Stephen: Entonces, tal vez podríamos comenzar un proceso que te animo a practicar y explorar. Creo que ambos estaríamos de acuerdo en que para hacer realidad ese sueño, es importante conectarse con todas las distintas partes de ti. A medida que avances hacia la creación de esos eventos increíbles, siente el apoyo de esa parte de ti que dice: "¡Sí, hagámoslo!" (se señala el corazón) y la parte que dice, "Oh..., oh, no" (se señala el diafragma). Y sentir que todas forman parte de la misma familia creativa. De modo que, permíteme invitarte, si te sientes cómoda, a decir "Realmente quiero crear estos grandes eventos y para ello siento la conexión aquí" (gestos hacia el corazón) y pongo en juego esta energía. "Y luego siento mi conexión aquí" (gestos hacia el diafragma) y pongo en juego esa energía. Y siente lo que sucede cuando llevas la atención a la conexión entre los dos mientras haces la declaración: "Quiero crear este gran evento".

Cliente: Quiero crear eventos, sintiendo la conexión aquí (se toca el corazón) y percibiendo esta fuerza, sentir esta conexión aquí (se toca el diafragma).

Stephen: Y experimenta eso en todo el cuerpo. ¿Qué sucede cuando estas partes os atraviesan a todos vosotros? (Al público). No sé si habéis podido verlo, ella comenzó ese movimiento cuando era niña. Y luego, yo he visto a esta joven poderosa, lista para emerger (a la cliente), ¿y si lo volvemos a hacer?

Entonces, "a medida que voy a crear estos eventos con pasión (se señala al corazón)... Bienvenidos. Bienvenidos. Bienvenidos". Y luego, la energía Yin, suave, poderosa, vulnerable (apunta al diafragma). Relaja los hombros, pásala por todo tu cuerpo. Y deja que cree la conexión entre los dos (señala sucesivamente al corazón y al diafragma). Y siente ese poder. ¿Cómo es eso?

Cliente: Estupendo. Agradable. Siento el cuerpo más ligero.

Stephen: Esta última pieza toca algo que puedes practicar por tu cuenta. Es establecer la intención: "Realmente quiero crear estos grandes eventos" y luego notar cómo se activa uno de los lados. Cada vez que dices: "Tengo la pasión de hacer algo grande", puedes ir a ese lugar donde tu mente se conecta con esa fuente más profunda. Y cada vez que sientas la presión, el miedo, puedes decir: "Oh, mi poder vulnerable acaba de aparecer. Eso es interesante, y luego siento la totalidad de mí" (canta), "¿Por qué no tomar la totalidad de mí?". No necesitas cantar esta canción (risas). Pero sí un poco de esto y un poco de aquello. ¿Cuántos años tienes?

Cliente: Veintiséis.

Stephen: Eso es genial. Lo que percibo en ti me recuerda lo que Robert y yo estábamos haciendo a los 26. Es muy agradable ver a la siguiente generación entrar en este campo. Somos los de tiempos pasados. Sinceramente, te envío muchísimo apoyo para unir tanto tu pasión como tu vulnerabilidad.

Cliente: Muchas, muchas gracias.

Stephen: ¿Está bien si nos detenemos aquí?

Cliente: Sí.

Stephen: ¿Hay algo que quieras compartir con el grupo sobre tu experiencia?

Cliente: Tengo una observación interesante de que no necesitas transformar este miedo y este sentimiento de confusión, puedes simplemente aceptarlo, y encontrar la interacción entre estas partes, interponerte entre ellas.

Stephen: Fantástico. Lo has dicho de manera más sucinta que cualquiera de nosotros. Nos lleva tres días decir lo que acabas de decir en una frase.

Transformar las partes en conflicto con el centramiento somático

RECONOCIENDO "LO QUE QUIERO" Y "LO QUE SE INTERPONE EN MI CAMINO", Y DONDE LO SIENTES EN EL CUERPO

BIENVENIDO

DAR LA BIENVENIDA Y ESCUCHAR EL MENSAJE DE CADA PARTE QUE NECESITA ATENCIÓN

MOVER LA ATENCIÓN DE UN CENTRO A OTRO PARA INTEGRARLOS

PRÁCTICA PARA RECONECTAR AMBOS CENTROS Y PROYECTAR TU INTENCIÓN HACIA EL FUTURO

El uso de modelos somáticos para trabajar con los obstáculos

Al trabajar con obstáculos como parte de un par de complementariedades generativas, encontramos que el uso de los modelos somáticos puede ser muy útil para aclarar y cambiar la naturaleza conflictiva de la relación. Por ejemplo, uno de nosotros tuvo un cliente que expresó su intención como: "¡Quiero terminar de escribir este libro! ¡He superado la fecha de entrega! ¡Tengo que terminar de escribirlo!". La respuesta a esto fue: "¡Está bien, eso es genial! ¡Ve y hazlo!". A lo que dijo: "Pero siempre termino dejando las cosas para mañana. Necesito tu ayuda para dejar de hacer eso". En este tipo de lenguaje, puedes ver que la procrastinación suena muy negativa. Y a menudo lo que se nos pide es "asesinar al obstáculo". "¡Te voy a pagar mucho dinero! Solo quiero que mates el síntoma. No me haré preguntas. Nada personal. Solo es un asunto de negocios".

Sin embargo, como coach generativo, consideramos que, en realidad, el problema principal es percibir el obstáculo como algo "negativo". Queremos ayudar al cliente a considerar: "¿Cómo es que cada vez que voy a terminar el libro, termino dejándolo para mañana? ¿Cuál es la relación entre estos dos lados?". Y la idea básica en Cambio Generativo es que la procrastinación, o el síntoma, o el problema, representa el otro lado de la solución completa del patrón.

Entonces, en este ejemplo: "terminar el libro/procrastinación", ¿cómo abres un espacio de conversación en el que ambos lados puedan ser llevados a una relación más generativa y productiva? Una forma poderosa de hacerlo es representar a los dos lados como modelos somáticos. En este caso, se le pidió al cliente que tomara la intención: "Quiero terminar el libro" y que "la mostrara como un modelo somático". En respuesta, el cliente apretó firmemente la mandíbula, frunció el ceño y apretó ambos puños.

Entonces, ¿cuánto tiempo crees que va a durar en este estado? ¿Crees que podrá lograr su intención en este estado? ¿Qué crees que pasará después de un máximo de diez minutos? ¿Qué crees que sucederá a continuación? Cuando le preguntaron: "Entonces, ahora muéstrame el modelo somático de lo que llamas procrastinación", su respuesta fue dejar caer la cabeza, los hombros y los brazos como si se estuviera cayendo.

"¡QUIERO TERMINAR DE ESCRIBIR ESTE LIBRO!"   "PERO SIEMPRE TERMINO PROCRASTINANDO"   "ENTRAR EN UN ESTADO COACH"

Ahora, ¿qué notas sobre ambos modelos somáticos? ¿Cuál es COACH y cual es CRASH? En realidad, son dos formas diferentes de CRASH. Ese es el verdadero problema.

Entonces, usando el modelado somático, traduciríamos la conversación verbal sobre la situación en representaciones somáticas simples. En este ejemplo, decimos: "Muéstrame tu representación somática de la parte de ti que realmente tiene este compromiso de terminar el libro" (aprieta la mandíbula, frunce el ceño y aprieta ambos puños). "Genial. Bienvenidos. Bienvenidos". "Ahora, enséñame la parte que procrastina las cosas" (deja caer la cabeza, los hombros y los brazos como si se cayera). "Oh, ya veo. ¡Eso es increíble! ¡Bienvenidos! ¿No es increíble?".

Así que ahora queremos traducirlos a su versión COACH. Decimos: "Así que consigamos un estado COACH. Estupendo. Ahora, y solo de una manera en la que te mantengas centrado y conectado, entra en ese modelo somático de tu intención". Y ahora busco cualquier lugar de CRASH. Podría decir: "Relaja los ojos. Y siente eso como un movimiento de taichí. Realmente, quieres terminar el libro" (la mandíbula se suelta, las cejas están más relajadas, los puños están más sueltos y se mueven hacia adelante y hacia atrás). "Eso es genial".

"A continuación, y solo de tal manera que puedas permanecer en un estado COACH, invita a esa parte a la que previamente llamaste procrastinación" (abre los brazos, lleva las manos a los lados y respira profundamente). "Eso es genial. Genial. Entonces, ¿llamarías a esto un problema? ¿Qué piensas? ¿Cuál es la diferencia?".

"Y ahora, encuentra el estado en el que puedas sentir ambos al mismo tiempo como un patrón completo". Cada vez que empiezo a escribir, siento esta necesidad de relajarme. Compromiso (enfoca los ojos y lleva las manos frente al cuerpo). Relajación (abre los brazos, lleva las manos a los lados y respira profundamente). Compromiso (enfoca los ojos y lleva las manos frente al cuerpo).

MODELO
SOMÁTICO DE
"TERMINANDO EL
LIBRO" EN ESTADO
COACH

MODELO
SOMÁTICO DE
"PROCRASTINANDO"
EN ESTADO COACH

PASANDO DE UNO
AL OTRO PARA
SENTIR AMBOS
AL MISMO
TIEMPO

Relajación (abre los brazos, lleva las manos a los lados y respira profundamente). Eso es genial. "Y ahora ves que no son mutuamente excluyentes, son complementarios. Es como exhalar e inhalar".

Y, a propósito, este hombre publicó tres libros en los siguientes dos años después de esta sesión. Entonces, vemos que, en realidad, este obstáculo era lo que estaba aportando su conciencia creativa para hacer que su estado de actuación fuera total.

Modelado somático de las partes en conflicto

Lo que sigue son los pasos básicos de nuestro prototipo para aplicar el modelado somático, a fin de transformar las partes en conflicto en complementariedades generativas.

1. Establecer un estado (generativo) COACH.

2. Identificar el conflicto usando la declaración: "Quiero hacer X, pero Y interfiere".

3. Crear un modelo somático (gesto físico y movimiento) de la intención (X).

4. Crear un modelo somático (gesto físico y movimiento) que represente el obstáculo (Y).

5. Dar la bienvenida a cada parte y tomar conciencia de cualquier parte del cuerpo en la que aparezca algún CRASH.

6. Encontrar la expresión COACH del modelo somático de la intención (X). Identificar su intención positiva.

7. Encontrar la expresión COACH del modelo somático del obstáculo (Y). Identificar su intención positiva.

8. Permanecer en estado COACH, y mantener las intenciones positivas de las dos partes, practicando un movimiento de ida y vuelta entre el modelo somático del obstáculo y el modelo somático de la intención de manera lenta, consciente y rítmica. ¿Qué nuevas posibilidades surgen?

9. A medida que se produce la integración, orientarse hacia la intención futura y registrar cualquier nueva respuesta positiva.

Lo que sigue es una transcripción de una sesión de coaching que Robert realizó en uno de nuestros programas en la que guía a un cliente en este proceso. La transcripción comienza después de que Robert haya establecido un estado de COACH junto con el cliente.

Robert: Entonces, tengo curiosidad por saber: ¿Qué es lo que realmente quieres crear en tu vida?

Cliente: Quiero cumplir un proyecto e incluso tengo un equipo, que es un equipo internacional, y también ya tengo un inversor. Y todos se han reunido para expresar mi visión.

Robert: ¡Vaya! ¡Eso es fantástico!

Cliente: Tengo todo esto reunido a mi alrededor, pero siento que no soy digna de ello.

Robert: Eso es interesante. Hagamos una pausa por un momento. Te escucho decir que tienes una visión para un proyecto y, de hecho, ya tienes un equipo completo de personas que se acercan a ti para apoyarte en esa visión. Y sin embargo, al mismo tiempo, sientes que "no soy digna de ello".

Cliente: Sí. Así es.

Robert: Así que, queremos crear espacio para dar la bienvenida a todo eso. Y primero me gustaría prestar un poco más de atención a tu intención. Porque, es interesante, ahora mismo conozco la situación, pero en realidad no sé cuál es tu intención. ¿Qué es lo que quieres más apasionadamente?

Cliente: Lo que realmente quiero es sentirme fuerte y digna de crear.

Robert: Hagamos una pausa y conectemos con esa intención: "Realmente quiero sentirme fuerte y digna de crear". Respira eso a través de tu cuerpo para que puedas sentir la resonancia. "Soy fuerte y digna de crear. Realmente quiero sentir eso".

Cliente: (Toma una respiración profunda y se coloca las manos justo debajo del diafragma).

Robert: Siento curiosidad. Te vi que estabas colocando las manos ahí (gestos hacia el diafragma) varias veces. ¿Es ahí donde más lo sientes?

Cliente: Siento cierta forma de apoyo a mi intención aquí en mi centro (toma una respiración profunda y coloca las manos justo debajo del diafragma).

Robert: Bien, excelente. Siento el apoyo para mi intención aquí (refleja su gesto). Así que, ahora queremos convertir esas palabras en un modelo somático. Si fueras a mostrar con tu cuerpo lo que es ser fuerte y digna de crear: ¿cómo lo harías? Si no me pudieras decir eso, pero tuvieras que mostrarme lo que quieres con un gesto y un movimiento: ¿cómo me lo mostrarías?

Cliente: (Extiende los brazos desde el diafragma, los levanta por encima de la cabeza y aprieta los puños).

Robert: (Refleja el gesto). Estupendo. Y solo quiero decir: "Bienvenida. Veo tu fuerza. Veo tu valía para crear. Bienvenida. Es bueno ser fuerte". Tengo curiosidad, cuando haces ese gesto, ¿con cuánta fuerza sientes la presencia de esta intención, de cero a diez?

Cliente: Diez.

Robert: ¡Diez! Eso me gusta. Hagámoslo de nuevo. Lo que realmente quiero es esto... (ambos extienden los brazos hacia afuera desde el diafragma, los levantan sobre la cabeza y aprietan los puños). Bienvenido. Y, por supuesto, sabemos que hay un "pero" aquí. Quiero hacer esto, pero...

Cliente: No soy digna de ello (deja caer la cabeza y los hombros y apoyando las manos se inclina sobre el abdomen).

Robert: Oh, eso ha venido rápido.

Cliente: Sí. Tengo una buena conexión con ello.

Robert: ¡Genial! En serio, ¡eso es genial!

Cliente: Es un diez también.

Robert: Entonces, "Realmente quiero sentirme fuerte y digna de crear (extiende los brazos desde el diafragma, los levanta sobre la cabeza y cierra los puños), pero sucede esto" (deja caer la cabeza y los hombros, y se inclina apoyando las manos sobre el abdomen). "Bienvenido". Estoy absolutamente seguro de que tiene todo el sentido. Estoy seguro de que no es aleatorio. Estoy seguro de que esto está aquí por una muy buena razón. De hecho, al hacer esto, sería interesante preguntar: ¿qué edad tendría este sentimiento de "no soy digna?". Si dejas que venga un número...

Cliente: (Deja caer la cabeza y los hombros y apoyando las manos se inclina sobre el abdomen). Dos o tres.

Robert: Solo quiero dar la bienvenida a esa presencia de dos o tres años. Estoy seguro de que ella es una gran portadora de fuerza vital. Realmente, quiero darle la bienvenida. Solo tengo curiosidad, podemos ver que hay mucho CRASH en ese modelo somático de ella. Pero, en realidad, has dicho que tenías una buena conexión allí. Y manteniéndote conectada por debajo del CRASH, llevemos conciencia a esa parte de ti. Haz el mismo movimiento, siendo realmente consciente de lo que está sucediendo.

Cliente: (Baja la cabeza y los hombros, y lenta y cuidadosamente se lleva las manos a su abdomen).

Robert: ¿Qué esta diciendo esta niña de 2 o 3 años? Algo necesita ser escuchado o sanado. ¿Qué necesita ella? ¿Cuál es su intención?

Cliente: Sentirse amada y tratada con cariño.

Robert: Eso es interesante. He notado algo interesante; que este gesto ha cambiado un poco espontáneamente. En lugar de eso (deja caer la cabeza y los hombros, y se inclina con las manos sobre el abdomen), se ha hecho así (baja la cabeza y los hombros lentamente, y se lleva con cuidado las manos al abdomen). Y creo que podría ser realmente interesante pasar de esto (baja la cabeza y los hombros lentamente y se lleva con cuidado las manos al abdomen) a esto (extiende los brazos hacia afuera desde el diafragma, los levanta por encima de la cabeza y cierra los puños). Y en lugar de detenerte, vuelve a esto (baja la cabeza y los hombros lenta y cuidadosamente, y lleva las manos al abdomen), y luego esto (extiende los brazos hacia afuera desde el diafragma, los eleva por encima de la cabeza y cierra los puños). Explorando todo el espacio entre esto (baja la cabeza y los hombros lenta y cuidadosamente, llevándose las manos al abdomen) y esto (extiende los brazos hacia afuera desde el diafragma, los levanta sobre la cabeza y cierra los puños).

Cliente: (Se mueve lentamente entre los dos gestos).

Robert: Siento mucha curiosidad por saber si realmente puedes sentir la presencia de la totalidad en ti. Damos la bienvenida en primer lugar a lo que realmente quieres hacer: "fuerza, digna de crear" (extiende los brazos desde el diafragma, los levanta por encima de su cabeza y cierra los puños). Bienvenido. Y luego, siente esa otra conexión con la intención de "sentir amor y ser cuidado" (baja la cabeza y los hombros lenta y cuidadosamente y se lleva las manos al abdomen). Bienvenida.

Cliente: (Continúa moviéndose lentamente de una posición a otra, entre los dos gestos).

Robert: Eso es interesante. Así es. Querer sentirse fuerte y digna. Querer sentir amor y cariño. Qué bello. Así es.

Cliente: (Comienza a hacer un movimiento rítmico, como un baile, haciendo un gesto de apertura desde su cuerpo y llevando los brazos y manos de vuelta al cuerpo, y luego extendiéndolos nuevamente).

Robert: (Refleja el movimiento). Ah. Es interesante. Algo nuevo. Tengo curiosidad por saber: ¿qué pasa cuando haces eso?

Cliente: (Sonríe ampliamente). No lo sé.

Robert: "No lo sé". Me encanta cómo surge tu sonrisa cuando haces eso. ¿Qué notas que está sucediendo? No tienes que entenderla, pero ¿hay alguna nueva sensación?

Cliente: Antes me estaba sintiendo separada en dos partes. Esta, pequeña y débil, y esta otra, fuerte. Pero la débil siempre ganaba.

Robert: Eso es interesante. Eso de que son esas partes débiles y vulnerables las que siempre parecen ganar. Sé que Stephen estaría de acuerdo conmigo en esto, esas partes aparentemente vulnerables en realidad son de donde proviene nuestra mayor creatividad, especialmente cuando se sienten amadas y tratadas con cariño. Esa niña de tres años es la que tiene la creatividad, y luego yo puedo traer sus ideas creativas a mi fortaleza y sentido de valía. Es bueno saberlo.

Cliente: (Sonríe ampliamente). Sí.

Robert: Solo por curiosidad: ¿qué pasa si piensas ahora mismo "No soy digna de ello"?

Cliente: Es extraño. Ya no parece encajar.

Robert: Eso es algo interesante de notar. Estos pensamientos que antes solían torturarme ahora me hacen decir: "¿eh?", porque ya no hay lugar para que resuenen. Es interesante notarlo. Así que, ahora tomemos un momento y recorramos la línea de tiempo a través de tu guion gráfico. "¿Adónde puedo llevar ahora mi intención, mi equipo, mi proyecto?".

Cliente: (Camina por su línea de tiempo haciendo un gesto desde su cuerpo y llevando sus brazos y manos de vuelta a su cuerpo, y luego extendiéndose nuevamente. Después de caminar unos pasos, da vueltas y hace un gesto triunfal).

Robert: Así es. Oh, eso es genial. Parece que en realidad fue algo como: "¡Yuju!". ¿Qué pasa aquí?

Cliente: Aquí he sentido por primera vez en mi cuerpo que este proyecto ya se ha cumplido.

Robert: Eso es interesante. Es bueno saberlo. "Por primera vez, puedo sentir en mi cuerpo que el proyecto se ha cumplido". Respiremos eso. "Sí, puedo. Yo puedo hacerlo". Solo quiero decir que te envío todo mi apoyo. ¡Puedes hacerlo!

Cliente: Gracias.

Robert: Antes de irnos, ¿hay algo que te gustaría compartir que haya sido particularmente importante con respecto a lo que hemos hecho o a lo que ha sucedido, que creas que ha sido un descubrimiento útil? ¿Qué es lo que te llevarás contigo?

Cliente: Siempre recordaré el momento en que dejó de resonar que no soy digna de ello. Fue un momento claro, una distinción muy clara. Y traeré a mi cuerpo esa sensación de que "¡yo puedo!". ¡Gracias! (Aplausos).

Trabajar con modelos somáticos para transformar e integrar obstáculos y conflictos hace que el principio de enantiodromia de Jung sea muy claro y real. De un gesto se pasa a otro, que vuelve al primer gesto, que vuelve a pasar al segundo, y así sucesivamente. El Yang es complementado por el Yin, que es complementado por el Yang, que es complementado por el Yin. Y luego notarás un poco de Yin que entra en el Yang y un poco de Yang que empieza a entrar en el Yin. Eso es lo que llamaríamos una integración generativa. Se convierte en una atención continua e ininterrumpida, analógica frente a digital, un movimiento rítmico continuo.

Y en lugar de que la respuesta sea una cosa o la otra, ahora tienes todo un abanico de nuevas posibilidades en el medio. Existen muchas combinaciones y variaciones posibles de los dos complementarios que pueden resultar adecuadas o necesarias para el amplio abanico de situaciones en las que nos podemos encontrar.

La siguiente gran pregunta es: "¿Cómo mantengo estos aprendizajes y cambios a lo largo del tiempo?". Nos gusta señalar que, al final de una sesión de coaching, en realidad nada ha cambiado todavía. Hemos abierto la posibilidad de que algo cambie. Pero, para que el potencial se manifieste por completo, necesitamos "que entre en el músculo". De eso trata nuestro próximo paso del Coaching Generativo: prácticas para profundizar el cambio.

Modelado somático de las partes en conflicto

ENCONTRAR EL MODELO SOMÁTICO PARA LA PARTE QUE EXPRESA "LO QUE QUIERO" EN UN BUEN NIVEL DE CONEXIÓN

RECONOCER "LO QUE QUIERO" Y "LO QUE SE INTERPONE", Y DÓNDE LO SIENTES EN EL CUERPO

ENCONTRAR EL MODELO SOMÁTICO PARA LA PARTE QUE NECESITA "AMOR Y CARIÑO"

EXPLORAR PASANDO LENTAMENTE DE UN LADO AL OTRO, DE UN MODELO SOMÁTICO A OTRO HASTA QUE SE CONVIERTA EN UNA ESPECIE DE "DANZA" O UN MOVIMIENTO DE "TAI-CHI", PERCIBIENDO CUALQUIER COMPRENSIÓN DE ESTA INTEGRACIÓN

Haz una pausa ahora

Haz una pausa ahora,
el tiempo suficiente
para dirigir
tu atención
al silencio por debajo
del ruido mundano;
para volver a escuchar
los secretos susurrados de tu alma,
para regresar
a lo que vive en tu esencia
y para abrazar, una vez más,
los inexpresados e inquebrantables
votos del corazón.

Haz una pausa ahora,
el tiempo suficiente
para abandonar el esfuerzo
de remendar
los bordes rasgados y andrajosos
de tu propia vida,
para dejar
que lo que esté incompleto
en ti no sean los muros
de tu prisión, sino tu puerta de entrada
a todo lo que está por venir.

Haz una pausa ahora,
el tiempo suficiente
para dejar que tu aliento
sea olas del infinito
fluyendo dentro y fuera
hasta que llegues,
por fin, al lugar
donde se acaban todas las preguntas
y tú mismo te vuelves infinito...

Nick LeForce

Capítulo 8
Sexto paso
Prácticas para ahondar y sostener el cambio

El sexto paso del proceso de Coaching Generativo consiste en establecer las prácticas clave para sostener y profundizar los cambios que has comenzado en los cinco pasos anteriores. En última instancia, el coaching eficaz se basa en las prácticas. Todos los buenos entrenadores deportivos saben que, para que su equipo tenga éxito, los jugadores tienen que dedicar al menos el triple de tiempo a practicar que a jugar. Mediante la práctica, se consigue que una nueva competencia arraigue "en el músculo". Nos gusta señalar que "tú solo eres tan bueno como tus prácticas". Incluso podríamos llegar a decir: "Eres lo que practicas".

Como mencionamos antes, lo que un cliente ha podido lograr en determinada sesión de coaching en realidad aún no ha cambiado nada. Ha abierto un lugar de posibilidades. Ha dado al cliente una idea de lo que es posible y de cómo hacerlo realidad. Pero para que ese potencial se convierta en una parte constante y concreta de la experiencia diaria del cliente, tiene que practicar. De hecho, la práctica es tan importante que, cuando trabajamos con clientes, les pedimos que se comprometan a practicar al menos 30 minutos cada día.

Las preguntas clave a considerar para crear una práctica eficaz son: "¿Cómo toma el cliente lo que ha aprendido y desarrollado en los primeros cinco pasos avanzándolo y manteniéndolo en su vida? ¿Cuáles van a ser las prácticas que harán que los cambios que el cliente ha iniciado se conviertan en el nuevo punto de partida para su actividad en curso? ¿Cuáles son las cosas que el cliente va a hacer una y otra vez para asegurarse de que está preparado para expresar eficazmente su intención en cualquier situación que surja?".

Una forma de práctica es una tarea específica relacionada con la intención en la que el cliente se ha focalizado durante la sesión. Preferimos que las prácticas se generen de forma colaborativa. Solemos preguntar: "¿Qué necesitas hacer a partir de aquí para seguir avanzando? ¿Qué tipo de compromiso estás dispuesto a adoptar?". Con frecuencia, dicha tarea será una continuación o repetición de uno de los procesos por los que hemos pasado con el cliente en la sesión de coaching. A través de este tipo de tareas, los clientes aprenden a convertirse en su propio coach. Recuerdan los pasos del proceso y se guían a sí mismos a través de ellos. Por ejemplo, podemos invitarles a tomar un tiempo cada mañana para acceder a sus tres conexiones positivas y recorrer su línea de tiempo a través de su guion gráfico para obtener una vista previa de su día. Esto es lo que llamaríamos una práctica de "preparación".

Las prácticas pueden servir a varios propósitos diferentes a fin de apoyar una intención. Las prácticas de preparación ayudan al cliente a estar listo para expresar su intención en situaciones nuevas. Las prácticas de reflexión ayudan a los clientes a profundizar en su cambio al aumentar su consciencia y comprensión de los factores importantes que les ayudan a lograr su intención. Las prácticas de mantenimiento fortalecen los cambios que acompañan a la intención y ayudan a instalar dicha intención como un nuevo punto de partida.

Prácticas de preparación

Una buena preparación nos ayuda a asegurarnos de que estamos en el mejor estado para expresar eficazmente nuestra intención en cualquier situación que surja. Comenzar cada actividad significativa del día en el estado COACH sería un ejemplo de una práctica de preparación. Cuando celebramos reuniones de equipo, por ejemplo, siempre tomamos unos minutos para asegurarnos de que todos estamos en un estado COACH y conectados entre nosotros y, a continuación, establecemos nuestra intención para la reunión.

Algunos tipos comunes de prácticas de preparación incluyen el ensayo mental, la motivación y el anclaje.

Ensayo mental

Un prototipo básico para el ensayo mental como práctica de preparación incluye:

1. Entrar en un estado COACH y conectar con tu intención (verbal, visual y somáticamente).

2. Identificar la situación (desde tu guion gráfico) en la que deseas expresar tu intención.

3. Imaginar lo que te gustaría hacer en el ojo de tu mente, como si fueras un observador mirando un vídeo (si te resulta difícil imaginar lo que harías, puedes pensar en un modelo de rol e imaginar lo que él/ella haría).

4. Ponerte dentro de tu imagen mental y, en esa situación, imaginar qué estás haciendo y experimentar lo que has visualizado. Mirar, oír y sentir el escenario como si realmente lo estuvieras viviendo.

5. Crear un modelo somático para expresar con éxito tu intención en esa situación.

Incrementar la motivación

Puede ser importante incluir la motivación en una práctica de preparación. El siguiente es un prototipo básico para incrementar la motivación para una intención particular.

1. Entrar en un estado COACH y conectar con tu intención (verbal, visual y somáticamente).

2. Identificar la situación (desde tu guion gráfico) en la que deseas expresar tu intención.

3. Entrar en esa situación en tu línea temporal e imaginar que ya has logrado tu intención en esa situación, y que estás disfrutando mucho de ella. Ponerte en contacto con lo que estás viendo, oyendo, haciendo y sintiendo mientras disfrutas de estos beneficios. Crear un modelo somático para esa sensación de éxito.

4. Mejorar o ajustar las cualidades sensoriales de la experiencia de tal manera que la sientas más motivadora o interesante. ¿La experiencia se vuelve más interesante y atractiva si agregas más color? ¿Brillo? ¿Sonidos? ¿Palabras? ¿Movimiento? Identificar qué cualidades hacen que sientas la experiencia mejor. Aplicando esas cualidades, experimentar las buenas sensaciones que surgen al lograr tu intención.

5. Recordar esos sentimientos mientras te imaginas haciendo las cosas que sabes que te ayudarán a acercarte a tu intención (puedes crear un autoanclaje para ayudar a transferir esos sentimientos).

Autoanclaje

Construir y fortalecer los recursos internos necesarios para lograr nuestras intenciones es otra práctica importante. Esto puede reforzarse mediante el proceso de autoanclaje. Ello implica crear una conexión asociativa entre la experiencia del recurso y un activador (disparador), que podemos llevar con nosotros a la situación en la que queremos expresar nuestra intención. El prototipo básico para crear un autoanclaje para un recurso es:

1. Recordar un momento en el que experimentaste con fuerza el estado con recursos. Ver lo que viste, oír lo que oíste y sentir lo que sentiste tan vívidamente como puedas.

2. Encontrar algo para usar como ancla para afianzar y activar tu estado con recursos (un objeto, una imagen mental, una palabra clave, un gesto, etc.).

3. Volver a sumergirte en la experiencia de los recursos. Ver lo que viste, oír lo que oíste y sentir lo que sentiste tan vívidamente como puedas. Conectar el recuerdo de esta experiencia con tu ancla, llevando momentáneamente tu atención a la señal o disparador, y de vuelta a la experiencia plena de recursos.

4. Despejar la mente y cambiar de estado por un momento. Hacer algo para distraerte.

5. Poner la atención en tu ancla. Deberías tener inmediatamente una sensación del recurso. Si no es así, repetir los pasos 3 y 4 algunas veces más.

Prácticas de reflexión

El propósito de las prácticas de reflexión es ayudar a los clientes a profundizar el cambio aumentando su conciencia y comprensión de los factores importantes que apoyan el logro de su intención. La forma más simple de este tipo de práctica es reflexionar sobre las actividades significativas y preguntar: "¿Qué aprendí de eso?". Si todo salió bien, ¿qué aprendí de eso? Si las cosas no salieron bien, ¿qué aprendí de eso?

Scott Miller, que es considerado uno de los gurús de la investigación de los efectos de la terapia, ha descubierto que lo más importante que puede hacer un coach para producir la máxima mejora en sus sesiones de coaching es que su cliente rellene un formulario de retroalimentación al final de cada sesión. E incluso, si el coach no lo lee, simplemente hacer que el cliente considere: "Lo que me resultó útil fue...". "Lo que realmente funcionó fue..."; etc. crea una mejora significativa. Y, si el terapeuta o el coach realmente lo lee, obtienes otros avances significativos.

Hacer que el cliente lleve un diario y lo traiga para la próxima sesión sería una forma de práctica de reflexión. De hecho, existe un sitio web llamado "coach.me" que proporciona la metodología de seguimiento para que las personas midan con qué frecuencia realizan comportamientos concretos. Una persona puede descargar una aplicación a su teléfono inteligente y hacer clic en un botón cada vez que se comporte de una manera particular; que fume un cigarrillo, por ejemplo. Si alguien quiere hacer un seguimiento de sus hábitos de ejercicio, por ejemplo, cada vez que hace ejercicio, hace clic en el botón de seguimiento. Este tipo de retroalimentación ayuda a generar una mayor conciencia del cliente sobre lo que está haciendo y lo que le está funcionando.

Como otro ejemplo de las tareas que pueden usarse para reflexionar, Milton Erickson pedía a sus clientes que hicieran actividades metafóricas, como escalar Squaw Peak (una montaña cerca de su oficina en Phoenix, Arizona) o ir a los jardines botánicos de la ciudad. Les encargaba que regresaran e informaran sobre lo que habían observado y sentido. Esto funcionaba como una especie de Test de Rorschach que le daba información sobre el estado actual y el nivel de progreso de su cliente.

¡AJÁ! AHORA LO ENTIENDO

El generador de opciones

El generador de opciones es una práctica de reflexión cuyo propósito es generar cada vez más aprendizaje y posibilidades de elección en cada experiencia o situación de vida. El proceso implica revisar los sucesos del día e identificar los puntos de elección significativos relacionados con el logro de una intención particular. Para cada punto de opción, tienes que reflexionar sobre las elecciones que has hecho en esos puntos, y si tuvieron éxito o no con respecto a lograr tu intención. A continuación, imagina tres formas alternativas en las que podrías haber respondido, aparte de la forma en que lo hiciste (tanto si lo que hiciste fue exitoso como si no). Ahora proyecta mentalmente los resultados y las consecuencias de cada opción, y explora cómo sería haber tomado esa decisión adentrándote en la experiencia y viviéndola somáticamente en tu imaginación.

El objetivo de este ejercicio no es encontrar la "mejor manera" o la "manera correcta" de responder a una situación particular. Más bien se trata de adquirir el hábito de crear cada vez más posibilidades. Hacer este ejercicio con regularidad crea la posibilidad de obtener el triple de experiencias por día de las que tendrías simplemente recordando o registrando lo que realmente sucedió. Este tipo de ejercicio puede incrementar significativamente la capacidad de las personas para aprender de su experiencia.

Lo que sigue es un resumen de los pasos básicos de la práctica del generador de opciones:

1. Entra en un estado COACH y conecta con tu intención.

2. Identifica una experiencia importante que haya sucedido durante el día en relación con tu intención, e identifica varios puntos de elección significativos.

3. Reflexiona sobre las elecciones que hiciste en esos puntos y si tuvieron éxito en ayudarte a realizar tu intención.

4. Permanece en tu estado COACH y abierto a un recurso de tu campo mayor de recursos que podría ayudarte en esa situación. Manteniéndote conectado con ese recurso, vuelve a ponerte en la situación y deja que surja espontáneamente una respuesta alternativa. Explora cómo sería haber tomado esta decisión viviéndola somáticamente en tu imaginación.

5. Repite este proceso para crear al menos tres opciones alternativas para cada punto de elección.

También puede resultar útil combinar prácticas de preparación con prácticas de reflexión. Por ejemplo, cuando hacemos talleres juntos, todas las mañanas nos reunimos para desayunar y preparar el día. Después de la cena, cada noche nos reunimos para reflexionar sobre lo que ha ocurrido durante el día y anticipar el día siguiente.

Prácticas para sostener el proceso

El propósito de estas prácticas es fortalecer y apoyar el logro de una intención particular a lo largo del tiempo. Para ser eficaz, el propósito y los beneficios de cualquier práctica deberán superar los inconvenientes que crea. De modo que se les puede llamar "prácticas de alto apalancamiento". Este tipo de práctica implica dedicar un tiempo relativamente breve cada día que aporta un beneficio acumulado desproporcionado. Piensa en algo como cepillarte los dientes. Si te cepillas los dientes unos minutos al día, los conservas 20 años más.

¿Cuántos os cepilláis los dientes al menos una vez al día? ¿Por qué lo hacéis? Para mantener cierto estado de salud bucal. Asimismo, nuestra salud emocional y psicológica requiere una práctica diaria. Y, nuevamente, solo eres tan bueno como tus prácticas.

Por supuesto, muchas personas dirán cosas como: "Parece una gran idea, pero ¿no ves que soy una persona muy ocupada, una persona importante? Cuando tenga tiempo, haré esas prácticas, lo prometo". Y veinte años después siguen diciendo lo mismo y se preguntan por qué nada ha cambiado.

La gente suele preguntarnos: "Vosotros que estáis tan ocupados, ¿cómo encontráis tiempo para escribir todos los libros que habéis escrito?". La verdad es que nunca encontrarás el tiempo. Tienes que hacer tiempo. Nunca se te da tiempo para las prácticas, debes tomarlo. Cuando trabajamos en un libro, como este por ejemplo, nos comprometemos a dedicar al menos de media hora a una hora cada mañana a escribir, sin importar en qué parte del mundo estemos. Y eso significa que, aunque tengamos que levantarnos media hora antes, eso es lo que vamos a hacer. La práctica es el resultado de un compromiso de hacer que ocurra algo.

Si echas un vistazo a los horarios de nuestros talleres, verás que somos castores ocupados. Pero cada uno de nosotros hace al menos una hora y media de prácticas al día. Robert corre al menos entre 60 y 90 minutos todos los días (llueva o haga sol) y Steve medita y camina. Durante estos períodos, con frecuencia también incorporamos algunas prácticas de preparación y reflexión relacionadas con nuestras intenciones para el día. Descubrimos que si no hacemos esas prácticas, nos ponemos de mal humor, posponemos las cosas y comenzamos a adquirir malos hábitos. Garantizamos a la gente que "Si haces ciertas prácticas, tendrás más tiempo en tu día". Empezarás a darte cuenta de que el tiempo es, en gran medida, una experiencia psicológica. En segundo lugar, disfrutarás más de tu trabajo y lo harás mejor.

Richard Branson, el fundador de Grupo Virgin, dice: "Si corro media hora por la mañana, hago el doble de trabajo durante el día". Este es un buen ejemplo de lo que llamamos una práctica de "alto retorno". Esa inversión de media hora duplica tu productividad el resto del día. Por el contrario, si dices: "Dios mío, no puedo permitirme ese tiempo", durante el resto del día solo harás la mitad. ¿Cuál es la mayor pérdida de tiempo?

Las prácticas sostenidas más importantes son las que hacemos para nuestro propio cuidado personal. Esto significa que no son para tu trabajo ni para tu familia o seres queridos. Son solo para ti. Y si no haces cosas para cuidarte a ti mismo, tu inconsciente encontrará otras formas de hacerlo. De hecho, con frecuencia se manifiesta en forma de hábito negativo, adicción o algún otro tipo de síntoma, como los ejemplos del capítulo anterior: procrastinación, fatiga crónica, narcolepsia, etc.

Podríamos ver los malos hábitos y las adicciones como una forma de "práctica" en la que el inconsciente de una persona intenta traer equilibrio o plenitud a su vida de una manera distorsionada. Por ejemplo, uno de nosotros estaba asesorando a una persona que quería dejar de fumar. Había fumado durante 40 años. Ahora bien, este hombre tenía una fuerza de voluntad increíble para prácticamente todos los demás aspectos de su vida. Era el tipo de persona que podía enfrentarse a un viento huracanado. Pero no podía dejar de fumar. Cuando realmente le dimos la bienvenida al comportamiento, resultó que fumar era lo único que hacía en su vida exclusivamente para sí mismo. Otros fumadores nos han dicho que la intención positiva del comportamiento era recordarles que respiraran. Esto es interesante; paradójico pero interesante. Una gran parte de la transformación de la adicción a fumar de este cliente fue darse permiso para hacer otras cosas más saludables de manera consistente "exclusivamente para él".

Por eso, cuidar de nosotros mismos es fundamental. Si alguna vez has viajado en avión, probablemente hayas escuchado el anuncio: "En caso de una emergencia, las máscaras de oxígeno caerán frente a usted. Tire de la máscara hacia su cara y colóquela sobre su boca y su nariz. Si viaja con un niño pequeño, primero póngase la máscara y luego atienda al niño". Al principio, este consejo parece al revés. En medio de una emergencia, un niño estaría vulnerable, asustado, desorientado y necesitaría atención. Pero atender primero las necesidades del niño podría ser desastroso. ¿Por qué? Porque si el adulto se desorienta o pierde el conocimiento, el niño tendrá que valerse por sí mismo. El adulto debe estar alerta, respirar, pensar y tener recursos para cuidar adecuadamente del niño durante la emergencia. Si estamos incapacitados, no podemos ser útiles ni valiosos para nadie.

Esta es una de esas complementariedades fundamentales. Necesitamos prácticas para cuidar de nosotros mismos y mantenernos alerta, respirando, pensando y disponiendo de recursos para poder cuidar más eficazmente a los demás.

"Informe meteorológico": un ejemplo de práctica para sostener el bienestar

Robert y su esposa Deborah tienen una práctica diaria, basada en este principio, que realizan cuando están juntos y a la que llaman "météo" (la palabra francesa para "informe meteorológico"). El propósito de esta práctica es cuidar de su relación y al mismo tiempo cuidar cada uno de sí mismo y del otro. No es una sesión de asesoramiento ni de resolución de problemas. Es una práctica de compartir, escuchar y reconocer.

Alternan la responsabilidad de la práctica en días pares e impares, por lo que uno de ellos se encarga cada día de preguntarle al otro a qué hora le va bien. Por lo general, se toman el tiempo justo antes de la cena. El responsable de ese día (A) dirige el proceso:

1. (A) guía tanto a (A) como a (B) para entrar en un estado COACH usando algún tipo de movimiento para hacer la transición a un estado presente en el cuerpo y liberar la tensión del día.

2. Mientras (A) y (B) se sientan o están de pie uno frente al otro, (A) guía tanto a (A) como a (B) a llevar la atención al presente y hacia adentro, sintiendo el estado del "clima" interno, escuchando lo que quiere emerger para ser compartido en este espacio que están creando juntos; es decir, el "campo" o el contenedor de su relación.

3. (A) pregunta a (B) qué le gustaría a (B) compartir sobre lo que les está sucediendo ese día. No es "Cuéntame el contenido de tu día". Más bien es: "¿Cómo estás ahí?". Los eventos pueden surgir como parte del inter-

cambio, pero ese no es el punto de enfoque. El énfasis está en "¿Cómo te sientes ahí?".

4. (B) comparte (generalmente unos minutos). Puede incluir experiencias de gratitud, preocupación, alegría, expectativas, alivio, etc.

5. (A) refleja lo que escucha con la mayor precisión posible (sin interpretar ni comentar), no es un test de memoria. (B) puede ayudar si (A) se olvida algo.

6. Luego (A) comparte lo que le ha tocado de lo que ha escuchado. No es una conversación: (B) lo recibe y da las gracias.

Luego cambian y repiten el proceso con (B), preguntando a (A) qué le gustaría a (A) compartir de su día.

El proceso suele durar alrededor de media hora. Si tienen poco tiempo, pueden hacerlo mucho más rápido acortando los procesos iniciales y simplemente compartiendo una o dos cosas cada uno.

La clave está en compartir cómo se sienten, el clima interior, no el contenido de lo que han hecho ese día, a menos que sea necesario compartir un poco de eso para comprender el clima interno. También tienen mucho cuidado de no usar esto como un momento para expresar sus quejas. ¡Hay otro proceso para eso! Este es un espacio seguro para sintonizar y comunicarse consigo mismos y con el otro, y para prestarse toda su atención.

Mantenemos que este tipo de prácticas son extremadamente importantes para tener una vida equilibrada y saludable. Este tipo de prácticas de mantenimiento deben ser placenteras y al mismo tiempo calmar la mente, profundizar la armonía mente-cuerpo y abrirnos a la conciencia creativa.

Demostración de cómo ayudar a un cliente a establecer una práctica

Lo que sigue es una transcripción de cómo podríamos trabajar con un cliente para crear una práctica en colaboración. En este caso, la clienta, cuya vocación profesional requiere que apoye a muchas otras personas, tenía la intención de "tener más tiempo para mí". Ella había identificado un recurso para desarrollar esta intención como lo hacía su abuelo (que había muerto varios años antes), que podía equilibrar "la seriedad con el humor".

Coach: ¿Qué podrías hacer de forma regular que fuera un buen ejemplo de que estás poniendo en práctica más de este equilibrio para poder tener más tiempo para ti?

Cliente: Lo que me gustaría hacer es: por la mañana, caminar sin mis perros.

Coach: Sin tus perros.

Cliente: Porque yo camino, pero con los perros, y no es lo mismo.

Coach: Lo entiendo completamente, y lo haces más por los perros que por ti.

Cliente: Sí, y tengo que parar cada 3 segundos, con mi perro macho (risas).

Coach: Sé a qué te refieres. Entonces, ¿no sería maravilloso? "Me comprometo a tener este tiempo por la mañana para dar un paseo sola". ¿Y hay algún lugar donde te guste caminar?

Cliente: Vivo en las afueras, donde es verde y tenemos un pequeño río, así que, es muy bonito.

Coach: Entonces, imaginemos, si te pones a ti misma allí, dando ese paseo por tu cuenta. Ve lo que ves, oye lo que oyes, siente lo que sientes.

Cliente: Siento una buena sensación de plenitud. Quería hacer algo y lo he hecho.

Coach: ¿Con qué frecuencia necesitarías hacer esto para crear ese equilibrio en el que sabes que estás dedicándote el tiempo que necesitas?

Cliente: Creo que debería hacerlo todos los días durante un tiempo para adquirir el hábito.

Coach: Entonces, durante al menos un período determinado, lo haces cada día.

Cliente: Sí.

Coach: ¿Cuánto tiempo necesitarías hacer eso cada día, para asegurarte de que se convierta en un hábito? ¿Serían dos semanas, dos meses?

Cliente: Al menos 3 semanas.

Coach: Al menos 3 semanas. Es bueno saberlo.

Cliente: Porque si lo hago menos, lo olvidaré.

Coach: Eso tiene sentido. Entonces, ¿estás lista para comprometerte a dar una caminata de media hora en solitario cada mañana durante las próximas tres semanas?

Cliente: Me gustaría, pero me temo que voy a empezar a hacer negociaciones. Creo que cederé.

Coach: ¿Ceder ante quién?

Cliente: Ante la parte de mí que piensa: "No me lo merezco".

Coach: Hagamos una pausa por un momento. Demos la bienvenida a esta parte. Respira. ¿Cuántos años tiene esa parte de tu sentir, qué edad? Si dejas que venga un número: ¿cuál sería?

Cliente: Doce.

Coach: Tengo curiosidad. Si tuviéramos que presentar en este momento a esta niña de 12 años a tu abuelo, ¿qué le diría tu abuelo a ella?

Cliente: (Hace una pausa y luego respira profundamente). Él le diría: "Esto pasará, no te preocupes. Tú eres más que esto".

Coach: "Esto pasará, no te preocupes. Tú eres más que esto". ¿Esta parte tuya de 12 años lo escucharía?

Cliente: Sí.

Coach: ¿Ella discutiría con él? ¿Trataría ella de negociar con él?

Cliente: No.

Coach: Es bueno saberlo. Entonces, en este momento tengo mucha curiosidad porque me parece que ¿no sería maravilloso si también, en esas caminatas por la mañana, pudieras facilitar una conversación entre esa parte de ti de 12 años y tu abuelo?

Cliente: Bueno (sonríe ampliamente). Podría. Sí.

Coach: Y si realmente pudieras llevar esta parte de ti misma contigo y con tu abuelo, ¿cómo te acordarías de hacer eso?

¿Cuál sería tu manera de asegurarte de que durante estas 3 semanas, yo voy a salir a caminar y ellos van a estar conmigo? Por ejemplo, ¿tienes fotografías de tu abuelo?

Cliente: Sí. Podría poner su fotografía al lado de mi cama para que sea lo primero que vea al despertar.

Coach: Estupendo. Para que puedas caminar todas las mañanas, ¿a qué hora lo harías?

Cliente: Tendría que levantarme a las siete de la mañana.

Coach: Hagamos una pausa e imaginemos que dentro de tres semanas has logrado hacer esa caminata cada mañana durante ese tiempo, llevándote contigo a tu abuelo y esa parte de ti de 12 años. Ve lo que ves , oye lo que oyes, siente lo que sientes. ¿Cómo te sientes ahora que lo has hecho durante tres semanas?

Cliente: (Sonríe ampliamente). ¡Genial!

Coach: Impresionante. Mirando hacia atrás desde el futuro, ¿qué es lo que te ha permitido tener éxito?

Cliente: Bueno, lo hice con ligereza. No pensé mucho. Salí, lo hice y lo disfruté.

Coach: Lo disfruté, sí. ¿Al mirar hacia atrás durante esas tres semanas, cómo te acordaste de hacer eso, de ir ligera, de disfrutar?

Cliente: Pensando que me lo merezco, pensando en cosas positivas. Respirando.

Coach: Pensando que te lo mereces y respirando.

Cliente: Pensando en mí misma, porque me olvido de eso.

Coach: Así es. Recordándote a ti misma. Entonces, desde este lugar en el futuro, ¿qué le dirías a tu yo que se levanta cada día a las 7 de la mañana?

Cliente: ¡Vamos!

¡VAMOS!

Coach: "¡Vamos!". Entonces, ahora mismo regresa aquí, al momento presente. Imagina que te despiertas a las 7 de la mañana y ves la fotografía de tu abuelo y luego a ti en el futuro, dentro de tres semanas, y ella está diciendo: "¡Vamos!". ¿Qué sucede?

Cliente: (Sonríe ampliamente). Me siento más conectada conmigo misma y más sólida. Estoy preparada para ir.

Coach: Lo veo.

Cliente: Muchas gracias. Gracias por ayudarme tanto.

En esta demostración, el coach ha usado una combinación de protocolos para ensayar mentalmente, incrementando la motivación y el autoanclaje, para ayudar al cliente a prepararse y continuar con una práctica desarrollada para traer más equilibrio a su vida. También podemos ver que los obstáculos pueden presentarse en cualquiera de los seis pasos. No necesariamente esperan al quinto paso para aparecer. Y no nos encargamos completamente de todos ellos en el quinto paso.

De hecho, inclusive podríamos decir que, de alguna manera, cada uno de los seis pasos incluye los seis pasos. Es decir, el primer paso puede terminar siendo una miniversión de los seis pasos; el segundo paso puede terminar siendo una miniversión de los seis pasos; el tercer paso puede ser una miniversión de los seis pasos; y así sucesivamente.

En el próximo capítulo, daremos un ejemplo de cómo unir los seis pasos en un solo proceso unificado.

Atrévete a ser tu propia iluminación.

Confía en la energía que te recorre.

Confía y, a continuación, lleva la rendición aún más profundo.

Sé la energía.

No empujes nada lejos de ti.

Sigue cada sensación de vuelta a su fuente en inmensidad y pura presencia.

Emerge tan nuevo, tan fresco, que no sepas quién eres.

Da la bienvenida a la estación de los monzones.

Sé el puente que salva el río inundado y el rugiente torrente subyacente.

No tengas miedo de la maravilla consumada.

Sé la energía y abre un sendero que cruce el claro cielo nocturno como un rayo.

Atrévete a ser tu propia iluminación.

Dana Faulds

Capítulo 9
Juntar los seis pasos

Ahora ya estamos listos para ver cómo encajan los seis pasos del Coaching Generativo en un solo proceso. Normalmente, un paso fluye orgánicamente al siguiente. Por supuesto, cada viaje es diferente y la forma en que se desarrollan los pasos es impredecible. Esto forma parte de hacerlo generativo.

En nuestros programas de formación de Coaching Generativo, con frecuencia hacemos una demostración cronometrada en la que básicamente no tomaremos más de cinco minutos para cada uno de los seis pasos. Lo consideramos una "restricción creativa" que crea la posibilidad de un "flujo disciplinado". También nos da la oportunidad de mostrar cómo se desarrollan de forma natural los seis pasos del Coaching Generativo durante una sesión.

Lo que sigue es una transcripción de una demostración cronometrada de los seis pasos que hicimos juntos. Ofrece una buena ilustración de cómo se desarrollarían los seis pasos en una sesión de coaching real.

Primer paso: Abrir un campo COACH

Coach: Sabemos que existen múltiples formas de crear un campo COACH. Muy a menudo, en lugar de guiar a alguien directamente al estado COACH, comienzo preguntando: "¿Has experimentado alguna vez un estado en el que sentiste una sensación de fluidez, conexión y creatividad serena?".

Cliente: Sí. Lo que acaba de venir a mi mente es lo que Stephen llama las tres semillas: "quietud", "silencio" y "espacio". Me imagino dejando caer cada una de estas semillas a través de todo mi cuerpo y al suelo. Quietud (respira profundamente). Silencio (respira profundamente). Y el último es el espacio (respira profundamente).

Coach: Y cuando dejas caer esas tres semillas, tengo curiosidad, ¿qué notas? ¿De qué eres consciente dentro de ti?

Cliente: Estoy conectada (coloca las manos sobre el corazón).

Coach: Y veo que te tocas el área del corazón. ¿Es ahí donde estás conectada?

Cliente: Sí, y estoy abierta. Estoy presente y estoy abierta (respira profundamente).

Coach: Te veo. Bienvenida. Y en una escala de 0 a 10, en este momento, donde 10 sería: "Estoy en mi mejor estado COACH", y 0 sería "Acabo de salir o entrar en CRASH", ¿dónde dirías que estás?

Cliente: Es siete y medio en este momento.

Coach: ¿Siete y medio? Está bien. Tengo curiosidad por saber si hay algo que podría ayudarte a entrar un poco más en tu estado COACH. ¿Qué podría ayudarte a profundizar un poco más?

Cliente: Creo que necesito estar un poco más conectada a la tierra. Solo un poco más presente (respira profundamente).

Coach: (Respira profundamente). Quiero compartir eso contigo. Me siento bien haciendo lo que llamamos un "campo COACH". Me estaba uniendo a ti en el estado creado por esas semillas, y estaba añadiendo una imaginaria cola de canguro en la que sentarme para ayudarme a mantenerme estable y conectado con la tierra (flexiona las rodillas y respira profundamente).

Cliente: (Flexiona las rodillas y respira profundamente). Eso ayuda. Ahora mi estado COACH es mayor, algo así como un ocho y medio.

Segundo paso: Establecer la intención/el objetivo

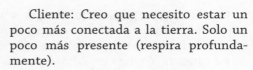

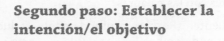

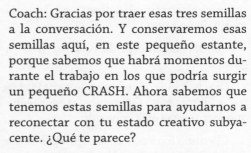

Coach: Gracias por traer esas tres semillas a la conversación. Y conservaremos esas semillas aquí, en este pequeño estante, porque sabemos que habrá momentos durante el trabajo en los que podría surgir un pequeño CRASH. Ahora sabemos que tenemos estas semillas para ayudarnos a reconectar con tu estado creativo subyacente. ¿Qué te parece?

Cliente: (Respira profundamente). Suena bien.

Coach: Quietud, silencio, espacio. Esto te permite comenzar a sentir el nivel más auténtico en ti. Si crees que hay algo que sería genial crear en tu vida, ¿qué podría ser?

Cliente: Quiero llevar todos los aprendizajes y experiencias que han surgido de mis estudios recientes con el Cambio Generativo a mi vida y a mi trabajo.

Coach: ¡Eso es genial! Quiero que sepas que cuando compartes desde ese lugar, siento que una bola roja de fuego comienza a abrirse en mi corazón. Y tengo curiosidad por saber qué sucede en tu cuerpo cuando comienzas a hablar con curiosidad, compasión y coraje. Cuando dices "quiero llevar esos aprendizajes y experiencias a mi trabajo y a mi vida", ¿dónde te toca eso?

Cliente: Me toca el corazón (se coloca las manos sobre el corazón).

Coach: ¡Genial! Pues bienvenido. Tu viaje creativo comienza en algún lugar profundo de tu corazón. Bienvenido. Bienvenido. Y me pregunto, si hicieras la declaración: "Quiero llevar estos aprendizajes y experiencias a mi trabajo y a mi hogar", ¿cuál sería el modelo somático que permitiría elevar eso desde tu vientre y tu corazón al mundo del trabajo y del hogar? ¿Cuáles son las palabras?

Cliente: (Respira profundamente y luego extiende ambos brazos desde su corazón, como si alcanzara algo frente a ella). ¡Hagámoslo de una vez!

Coach: Hagámoslo de una vez (refleja su gesto).

Coach: Y quiero pedirte que sientas el vientre y el corazón. Queremos asegurarnos de que mantengas esta conexión.

HAGÁMOSLO DE UNA VEZ

Cliente: (Extiende ambos brazos desde el corazón). ¡Hagámoslo de una vez!

Coach: Y mientras dices las palabras: "¡Hagámoslo de una vez!" y haces el gesto: ¿te llega una imagen de lo que eso significa para ti?

Cliente: (Hace el gesto). Es algún tipo de nave espacial.

Coach: Entonces, si visualizaras esa nave espacial despegando, haciendo el gesto y volviendo a decir esas palabras. ¿Cómo sería eso?

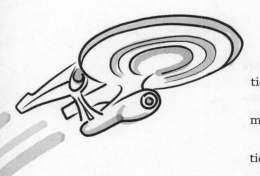

Cliente: Hagámoslo de una vez (extiende ambos brazos desde su corazón).

Coach: (Refleja su gesto). Intentémoslo de nuevo.

Cliente: ¡Hagámoslo de una vez! (Extiende ambos brazos desde el corazón).

Tercer paso: Establecer un estado generativo

Coach: El tercer paso gira en torno al estado generativo, y el prototipo básico para el estado generativo son las tres conexiones positivas: la conexión con tu intención, contigo mismo y con tu campo de recursos. Y siento curiosidad, justo en este momento, mientras haces ese gesto y dices esas palabras, en una escala de 0 a 10, ¿cómo de comprometida y coherente te sientes con eso?

Cliente: Es como un 8. Pero algo parece estar chocando aquí (se coloca ambas manos sobre la parte superior del pecho).

TIENES QUE CUIDAR DE TI MISMA

Coach: Eso es parte de tu equipo. Bienvenido. Nos alegra que estés aquí. Bienvenido. Y mientras hacemos espacio para lo que esté chocando ahí (señala la parte superior de su pecho), recordemos esas semillas de silencio, quietud y espacio. Y apoyemos un poco en el suelo nuestras colas de canguro (dobla las rodillas y respira profundamente). Bienvenido.

Cliente: (Dobla las rodillas y respira profundamente). Bienvenido. Sí. Ahora está más tranquilo.

Coach: ¿Cuál dirías que es la intención positiva de este "choque"?

Cliente: Es simplemente: "Necesitas tiempo para ti. Necesitas cuidar de ti misma".

Coach: Necesitas tiempo para ti. Para cuidar de ti misma. Es importante recordarlo cuando "por fin lo hagas". Y, para poder llevar tus aprendizajes y experiencias de regreso a tu trabajo y a tu hogar mientras te aseguras de tener tiempo para ti, necesitarás algunos buenos recursos. Mientras haces ese gesto de tu intención (extiende ambos brazos desde el corazón) y visualizas esa imagen de la nave espacial, si te abrieras a tu campo de recursos: ¿quién o qué te viene como algo que será significativo e importante, para ayudarte a "hacer esto de una vez" y recordarte que has de cuidar de ti misma?

Cliente: (Extiende los brazos desde el corazón). Mis antepasados.

Coach: ¿Algún antepasado en particular?

Cliente: Sí, mi abuelo y mi abuela.

Coach: Tu abuelo y tu abuela. ¿Cómo eres consciente de su presencia mientras estás aquí, en este lugar?

Cliente: (Respira profundo y abre el pecho, enderezando los hombros). Simplemente los siento a mi derecha y a mi izquierda.

Coach: ¿Con cuánta intensidad puedes sentir la conexión con tu abuelo y con tu abuela en este momento en una escala de 0 a 10?

Cliente: Nueve.

Coach: Nueve. Genial. ¿Y cómo sientes esa conexión con ellos? ¿Algo aquí? (Señala a sus hombros).

Cliente: Sí. Es como si mis hombros comenzaran a enderezarse (respira profundo).

Coach: Bienvenido (endereza los hombros y respira profundo). Bienvenido.

Cuarto paso: Pasar a la acción

Coach: Ahora, a medida que comenzamos a entrar en acción y a crear tu guion gráfico para ir trayendo tus aprendizajes y experiencias a tu trabajo y a tu hogar, e "ir haciéndolo por fin", al tiempo que cuidas de ti misma, será importante contar con el apoyo de tu abuelo y de tu abuela.

Cliente: Sí, ellos están aquí... (endereza los hombros y respira profundo).

Coach: Entonces, lo que vamos a hacer es crear una línea de tiempo. ¿En qué dirección está tu futuro?

Cliente: En esta dirección (se sitúa en su línea de tiempo y mira a su derecha).

Coach: Te voy a pedir que te imagines viviendo concretamente este camino de ir trayendo tus aprendizajes y experiencias a tu trabajo y a tu hogar, de hacerlo de una vez, al tiempo que cuidas de ti misma (extiende ambos brazos desde su corazón). ¿Cuáles son los pasos clave?

Cliente: (Extiende los brazos desde el corazón). Encontrar el equilibrio.

Coach: Encontrar el equilibrio. Tengo curiosidad, ¿qué aspecto concreto tendría eso? Al tener este equilibrio e integrar esos aprendizajes y experiencias, ¿cómo sería tu día? En concreto, ¿qué estás haciendo? ¿Qué está sucediendo?

Cliente: Bueno. La primera parte del día cuidaría de mí misma.

Coach: ¿Cómo lo harías? ¿Qué haces en la primera parte del día para cuidarte?

Cliente: Salgo a caminar y a hacer algún ejercicio de equilibrio, como el yoga. Y pasar la mañana con los niños.

Coach: Estupendo. Y, ¿entonces?

Cliente: Y luego, por la tarde, empiezo a trabajar con clientes. También hay algunas actividades relacionadas con esta plataforma en línea que estoy creando. Pero es más hacia la tarde. Todo esto pasa por la tarde.

Coach: Por la tarde. ¡Es bueno saberlo! Ahora esto se está volviendo concreto. ¿Y después qué? ¿Haces trabajo con clientes y en la plataforma de Internet hasta la medianoche?

Cliente: No. Como máximo hasta las ocho de la tarde.

Coach: Máximo hasta las ocho de la tarde. Y luego, ¿después de las ocho?

Cliente: Pasar tiempo con mi familia.

Coach: Pasar tiempo con tu familia. Estupendo. Así que, vamos a caminar estos pasos en tu línea de tiempo muy lentamente, para que puedas tener este guion gráfico en el músculo. Por la mañana, sales a caminar, haces algún ejercicio de equilibrio, yoga, pasas la mañana con los niños. Luego, por la tarde, trabajas con clientes y realizas actividades relacionadas con tu plataforma de Internet...

Cliente: (Comienza a caminar lentamente por su línea de tiempo, luego duda).

Quinto paso: Transformar los obstáculos

Coach: Ves, justo en ese punto se topa de nuevo con el obstáculo. De modo que está yendo demasiado rápido. Su cuerpo le está dando un feedback que no ha reconocido cognitivamente.

Parece que estás tocando algunas teclas realmente importantes. Estás conectando con ese interés apasionado por traer tus aprendizajes y experiencias a tu vida y a tu trabajo. Y estás descubriendo que cuando haces eso, también activas al gemelo que vive en el sótano. Así que, me pregunto si podríamos hacer solo un pequeño proceso en términos de: "Voy a llevar mis aprendizajes y experiencias a mi trabajo y a mi hogar" (extiende los brazos desde el corazón) y luego, "la otra necesidad que tengo es..." y luego permitir que surja cualquier otra respuesta.

Cliente: (Extiende los brazos desde el corazón, hace una pausa y luego se pone las manos en la parte superior del pecho). Sí, está aquí arriba.

Coach: Genial. ¡Genial! Otra parte fundamental dice: "Yo también tengo que ir contigo en este viaje" (se pone las manos en la parte superior del pecho). Eso es genial. Es posible que sientas que, al traer conexión a esta parte, estás muy abierta a la presencia de tu abuela y de tu abuelo.

Cliente: (Endereza los hombros y respira profundo).

Coach: Es muy interesante saber que mientras traes con entusiasmo tus aprendizajes y experiencias al mundo exterior, alguien más que vive en lo más profundo de tu ser dice: "Si vas por ese camino, yo también voy". ¿No es genial? Así que, busquemos qué movimiento dice: "¡Bienvenido!".

Cliente: (Endereza los hombros y respira profundo, luego se pone suavemente las manos en la parte alta del pecho). Bienvenido.

Coach: Si dejaras que apareciera un número para la edad de esta parte de ti, ¿cuál sería?

Cliente: Siete.

Coach: Siete años de edad. Eso es genial. ¿No es genial saber que esta parte de ti de siete años quiere acompañarte en cómo traes tus aprendizajes y experiencias al mundo?

Cliente: Sí. Necesito recordar que ella está ahí.

Coach: Voy a sugerirte que encuentres un movimiento con tres partes. El primero es ese movimiento de: "Por fin estoy trayendo mis aprendizajes y experiencias al mundo" (extiende los brazos desde el corazón). A continuación, traer conexión a ese núcleo casi insoportablemente vulnerable y creativo (se pone las dos manos en la parte alta del pecho). Luego, pídele a tu cuerpo que encuentre un tercer movimiento que represente a los dos juntos.

Cliente: (Extiende los brazos desde el corazón, luego se coloca las manos en la parte alta del pecho. Endereza los hombros y respira profundamente. Repite el gesto de extender los brazos por delante, y luego lleva las manos hacia atrás sobre la parte alta del pecho hasta que se convierte en un movimiento rítmico. Luego extiende el brazo derecho mientras mantiene la mano izquierda en la parte alta del pecho. Lleva la mano derecha de vuelta al pecho y extiende el brazo izquierdo, yendo y viniendo entre extender un brazo mientras mantiene la otra mano sobre el pecho).

Coach: (Refleja el movimiento). Así es. ¡Genial!

Cliente: (Sonríe ampliamente). Parece tan sencillo ahora. Tan obvio. Tan natural.

Sexto paso: Prácticas para profundizar el cambio

Coach: Mi sensación es que has realizado un trabajo realmente importante y focalizado. ¿Estarías de acuerdo?

Cliente: Sí.

Coach: Entonces, lo que me da curiosidad es cómo mantendrás esta integración de forma continua y profunda cuando regreses a casa. ¿Cuántos hijos tienes?

Cliente: Tres.

Coach: Tres. ¡Vaya! Yo también necesitaría un poco de tiempo para mí. Así que, te voy a preguntar si podrías respirar profundo y sentir una primera práctica, un primer compromiso. Estabas comenzando a explorar cómo llevar tus aprendizajes y experiencias a tu vida profesional y, al mismo tiempo, mantenerte nutrida y conectada con un yo más profundo y vulnerable. Si tuvieras que hacer la declaración: "Una práctica que creo que sería realmente útil podría ser..." (extiende el brazo derecho mientras mantiene la mano izquierda en la parte alta del pecho. Luego se lleva la mano derecha hacia el pecho y extiende el brazo izquierdo). ¿Qué surge como respuesta?

Cliente: (Extiende el brazo derecho mientras mantiene la mano izquierda en la parte alta del pecho. Se lleva la mano derecha al pecho y extiende el brazo izquierdo, moviéndose sucesivamente entre la extensión de los brazos mientras mantiene la mano opuesta sobre el pecho). Yoga.

Coach: Yoga. Genial. Así que, una cosa que te invitaría a hacer después de esta sesión es tomarte un tiempo para ti, escribir tus pensamientos y recordar lo que ha surgido como una forma realmente importante de conectarte con la tierra, con el equilibrio y con un sentido más profundo de ti misma mientras llevas tus aprendizajes y experiencias a tu vida profesional: el yoga. ¿No es genial saberlo?

Cliente: Sí.

Coach: Y si te sintonizas con ese yo más profundo y vulnerable (coloca ambas manos en la parte alta de su pecho), ¿cuál sería la forma especial de comprometerte con: "Voy a tener un gran corazón con mis cuatro hijos, incluida esa niña de siete años dentro de mí"?

Cliente: (Se pone las manos en la parte alta del pecho. Respira profundo y sonríe). Dando un paseo por la mañana antes de hacer cualquier otra cosa.

Coach: Dando un paseo. Y queremos apreciar que, de alguna manera, hay un elemento sagrado en esto. Este lugar aquí (se pone las manos en la parte alta del pecho): "Esta es tu base".

Cliente: (Se pone las manos en la parte alta del pecho. Respira profundamente y sonríe). Sí. La cuidaré en mi caminata matutina.

Coach: También te animaría a realizar otra práctica para mantener una conexión continua con tu abuelo y tu abuela. ¿Cuál sería tu práctica para conectarte con ellos todos los días? El yoga es una buena forma de mantener el equilibrio, y caminar es una buena forma de cuidar tu "base". También será importante mantener esa conexión con los recursos que te apoyan. ¿Puedes pensar en una práctica que respaldaría esa conexión?

Cliente: Lo que me ha venido a la mente ahora es que puedo poner una foto de ellos en mi habitación y junto a mi PC. Y luego, antes de irme a la cama decir: "Gracias por estar aquí conmigo este día, gracias".

Coach: "Gracias".

Cliente: Sí. Creo que terminar mi día con gratitud será muy importante...

Coach: Estoy de acuerdo. Muchas gracias.

Cliente: ¡Gracias, gracias! (Aplausos).

Reflexiones sobre la demostración

Hay una serie de patrones comunes que han surgido en esta demostración. Uno es que los obstáculos a menudo comienzan a surgir en el segundo paso. Esta es una expresión directa de lo que Carl Jung quiso decir con "enantiodromia". No solo todo contiene su opuesto, sino que también todo, eventualmente, se convierte en su opuesto. Cuanto más hago una cosa, más surgirá su opuesto en un intento de traer algún tipo de equilibrio. Por eso, siempre estamos asesorando y prestando oídos a los dos lados. También es una de las razones por las que nos gusta pedir modelos somáticos. A menudo, facilitan la anticipación del tipo de fuerza equilibradora que puede surgir.

En este caso, había un complemento entre "hacer por los demás y dar algo al mundo" y "cuidar de mí misma". El movimiento que hizo la clienta cuando expresaba su intención de "hacerlo por fin", extendiendo los brazos hacia afuera desde el corazón, era un poco unilateral. Eso significa que probablemente será seguido por su complemento: "También necesito cuidar de mí" y el gesto de las manos en la parte alta del pecho.

La cuestión es, cuando sucede esto, ¿estás ahí para darle la bienvenida? o dices: "No, simplemente avanzamos, avanzamos, avanzamos, avanzamos". En ese caso, la parte de ti que te devuelve a tu "base" será un "síntoma negativo". Esa parte complementaria comienza a mostrarse en su versión CRASH. Si no atiendes a estos aspectos, se convertirán en "los que rompan el trato".

En la demostración, la parte complementaria apareció al final del segundo paso y fue lo suficientemente bienvenida como para no crear demasiado CRASH. La clienta pudo mantener una conexión lo suficientemente fuerte consigo misma y con su intención. Por supuesto, es importante tener en cuenta que en los pasos 2 y 3 todavía no hay nada realmente concreto a lo que responder. Eso sucede en el cuarto paso, cuando comenzamos a pasar a la acción. Ese es el punto en el que "la rueda toca el asfalto". Es aquí donde probablemente los obstáculos comiencen a activarse mucho más.

Como coach generativo, asumimos que la gran mayoría de las personas están lo suficientemente motivadas y son lo suficientemente competentes como para poder alcanzar las metas que se proponen. En esta demostración, la cliente dijo: "Quiero llevar mis aprendizajes y experiencias a casa". ¿Crees que ella es capaz de eso? ¡Por supuesto que sí! Entonces, lo que puede detenerla es que, cuando empieza a hacerlo, algo comienza a activarse. Y es nuestra relación y conexión con lo que se active lo que lo convierte en: (a) un recurso que la lleve a un nivel superior completo de su ser generativo o (b) un problema que la derrota una vez más. Lo que hace la diferencia entre un coach realmente generativo y otros coaches es que le prestas una especial atención a eso.

No es raro que estos obstáculos internos tengan su origen en un momento anterior de nuestra historia personal. En un principio, se formaron precisamente porque no fueron bien recibidos y no se encontraron con una presencia humana capaz de integrarlos. Esta es una de las razones por las que con frecuencia preguntamos por la "edad" del aparente obstáculo. Queremos humanizarlo para que el cliente lo perciba como parte de sí mismo, y no como una presencia extraña y negativa. Como coach generativo, no nos interesa el contenido particular de lo que sucedió a esa edad ni "por qué" se ha desarrollado el patrón. Más bien, queremos mantener esa presencia en un campo COACH mayor para que la expresión pueda suavizarse de su actual forma rígida. Más adelante, al encontrar su intención positiva, podemos explorar expresiones nuevas y más integradas de esa parte del holón interno del cliente.

Aquí es donde los recursos que reunimos en el tercer paso se vuelven esenciales. A menudo, nos ayudan a crear el puente entre las dos aparentes polaridades, transformándolas así en complementariedades generativas.

Queremos señalar que hay momentos en que el obstáculo crea una cantidad significativa de CRASH antes de llegar al quinto paso. En esos casos, simplemente seguimos adelante y usamos uno de nuestros prototipos para transformar obstáculos.

Y, como de costumbre, nos damos cuenta de que lo que hicimos en la sesión fue solo abrir una posibilidad. Nada ha cambiado todavía, y nada cambiará hasta que te comprometas a hacer lo que necesitas hacer a diario para que suceda ese cambio.

Como coach, será importante hacer un seguimiento de esas prácticas. "¿Estás dando las gracias a los abuelos todas las noches? ¿Mantienes el compromiso de trabajar solo después del mediodía? ¿Estás dando tu paseo matutino? ¿Estás haciendo tu yoga?". De lo contrario, debes volver al guion gráfico y al quinto paso para explorar más detenidamente.

Por lo tanto, puede parecer superficialmente que la sesión que hiciste debería producir algún cambio positivo, pero cuando revisas más adelante, no ha ocurrido nada o el cliente no ha seguido practicando. Nuestra suposición sistémica básica sería que hay alguna otra presencia en el holón que no está siendo incluida en la conversación. Así que, lo está saboteando o desmontando. Esto significa más del quinto paso.

Juntar los seis pasos

PRIMER PASO:
ESTADO COACH

¡TIENES QUE
CUIDAR DE TI
MISMA!

(DAR LA
BIENVENIDA Y
TRANSFORMAR
LOS OBSTÁCULOS
CUANDOQUIERA
QUE APAREZCAN
EN EL PROCESO)

¡HAGÁMOSLO
POR FIN!

SEGUNDO
PASO:
ESTABLECER
UNA
INTENCIÓN

TERCER
PASO: CREAR
UN ESTADO
GENERATIVO

SEXTO PASO:
PRÁCTICAS PARA
PROFUNDIZAR LOS
CAMBIOS

QUINTO PASO:
TRANSFORMAR
OBSTÁCULOS

CUARTO PASO:
ENTRAR EN
ACCIÓN

Las brisas del amanecer tienen secretos que contarte.
No vuelvas a dormirte.
Debes pedir lo que realmente quieres.
No vuelvas a dormirte.
La gente va y viene
a través del umbral donde los dos mundos se tocan.
La puerta es circular y está abierta.
No vuelvas a dormirte.

Rumi

Conclusión

Como indicamos en nuestro capítulo introductorio, el poder del modelo de Coaching Generativo en seis pasos es que, por un lado, es un proceso paso a paso muy claro. Por otro lado, no es rígido. Permite tanto la flexibilidad como la inclusión de muchos métodos y modalidades diferentes para satisfacer cualquier paso en particular.

De hecho, estamos planeando futuros volúmenes sobre Coaching Generativo en los que mostraremos cómo aplicar algunas distinciones y otros enfoques que puedes agregar para enriquecer cada uno de esos pasos. Una de nuestras motivaciones para desarrollar el modelo de seis pasos fue que estábamos tratando de encontrar la manera de integrar todo nuestro trabajo combinado de noventa años en una única estructura. Hemos descubierto que, dentro de la estructura definida por estos seis pasos, podemos llevar todo lo que sabemos a una sesión con un cliente.

Te animamos a que tú también lo hagas, a que integres todos tus conocimientos y tus talentos a medida que practicas estos pasos. Así es como te empoderarás para apropiarte de los pasos.

Básicamente, los seis pasos del Coaching Generativo ofrecen una forma profunda y práctica de ayudar a los clientes a acceder a lo que llamamos el "campo cuántico" de posibilidades, y a expandir su potencial. En esencia, los pasos están diseñados para apoyar la conversación entre el universo de las posibilidades cuánticas y el mundo de la realidad clásica, entre la estructura y un campo abierto. Esto es a lo que Rumi se refiere como "el umbral donde los dos mundos se tocan".

La importancia del campo relacional entre el coach y el cliente

Sin embargo, sea cual sea el conocimiento o las herramientas que estés utilizando, es importante recordar que la calidad del campo relacional entre el coach y el cliente es, en última instancia, el factor determinante de si algo realmente mágico va a suceder. Las mismas herramientas exactas producirán un resultado completamente diferente en distintos campos relacionales. Nos gusta señalar que, si el campo que contiene la interacción está en CRASH, entonces cualquier cosa que pienses no marca la diferencia, lo que digas no marca la diferencia y cualquier cosa que hagas no marca la diferencia. Si ocurre exactamente la misma interacción dentro de un campo COACH, cualquier cosa que creas es mágica, cualquier cosa que digas es mágica y todo lo que hagas es mágico.

Activar la inteligencia somática

Otra cosa que ambos debemos continuar reiterando es la importancia de involucrar el cuerpo y la inteligencia somática en el coaching. Cuando el cuerpo no está involucrado, es casi imposible ser generativo. Es necesario liberar y usar el cuerpo, porque él sabe, mejor que nuestras mentes cognitivas, cómo traer algo a este mundo.

Facilitar la conversación entre complementariedades

Otro de los principales puntos que venimos enfatizando es que la creatividad siempre es una conversación entre perspectivas y energías complementarias. Por ejemplo, para ser eficaces en el mundo, necesitamos algo más que ligereza, suavidad y dulzura. También necesitamos determinación y fiereza. Si solo tienes la ligereza y la dulzura, es difícil comprometerte con "lo que quiero hacer en el mundo". Este es el principio taoísta del yin y el yang. Cuando el yin y el yang están interconectados, ahí es donde realmente marcamos la diferencia.

Sin embargo, si una de estas energías del alma, cuando despierta a través de ti, se encuentra con una presencia humana negativa, se encierra en una forma rígida y aparece como un obstáculo. Por ejemplo, imagina que creciste escuchando: "Siempre debes ser bueno y tranquilo". ¿Cuánto poder sientes? ¿Cuánto interés? ¿Cuánta autosuficiencia sientes para vivir tu vida al máximo? Y a continuación, si trataste de expresar algún tipo de energía equilibradora de determinación y fiereza, te dijeron: "No puedes traer esa parte de la energía de tu alma al mundo". Y la apagas. Ahora vives de forma unilateral. Y en algún momento, ya no podrás seguir haciendo eso. Te das cuenta de que no es suficiente "estar siempre bien y tranquilo". Y ahí es donde es importante entender que en realidad tu recurso más profundo es el "gemelo malvado" que ha estado encerrado en el sótano durante años.

Por eso, como coach generativo, siempre sientes: "¿Dónde está la energía? ¿Qué hay en este campo de energía? ¿Y qué no hay en él?".

La práctica del flujo disciplinado

También queremos señalar que los seis pasos del Coaching Generativo, como cualquier metodología que tenga capacidad generativa, es un proceso de aprendizaje permanente. Cuando comenzamos a estudiar con nuestro mentor, Milton Erickson, ambos teníamos 19 años. Estaba muy claro para los dos que la idea más importante del legado de Erickson (aquella en la que todos sus alumnos estarían de acuerdo y que es su gran contribución radical) fue la noción de "utilización". Implicaba dar la bienvenida hábilmente a cada una de las partes de una persona y luego ver cómo interactuar creativamente con todas estas partes para que pudieran convertirse en contribuciones positivas esenciales para el despertar de la persona. Como resultado de ese proceso, surgía algún patrón positivo, una reorganización nueva y más eficaz de la experiencia de la persona.

A lo largo de los años, cada vez que alguno de nosotros pensaba que finalmente entendíamos y dominábamos lo que Erickson quería decir con utilización, sucedía algo que nos hacía darnos cuenta de que había mucho más; que la utilización es un principio mucho más profundo e interesante de lo que habíamos pensado. Con el tiempo, nos dimos cuenta de que no existe una comprensión o un dominio definitivo del mismo. Puedes dedicar toda tu vida, de todo corazón, a tratar de comprender la naturaleza de la utilización creativa, y siempre hay más para aprender.

Ocurre lo mismo con estos seis pasos del Coaching Generativo. En los años transcurridos desde que desarrollamos el modelo inicial, hemos seguido aprendiendo más y más sobre: ¿Qué es el estado COACH? ¿Qué es una intención? ¿Qué es un estado generativo? ¿Qué es un buen plan de acción? ¿Qué significa transformar los obstáculos? ¿Cuáles son las prácticas eficaces que profundizan los cambios iniciados en una sesión de coaching? Esperamos que también te acerques a estos pasos con este tipo de curiosidad creativa.

Para nosotros, una de las bellezas del trabajo del Cambio Generativo es que forma parte de un linaje más amplio que muchas generaciones de personas han estado explorando. Y ahora apenas estamos empezando a comprender de qué se trata; lo que significa que podemos obtener mucho más si nos entregamos a ello. Abriéndonos al misterio cada día.

Mihály Csíkszentmihályi, también conocido como "doctor Flow", sostiene que el estado de alto rendimiento del "flujo" proviene del equilibrio entre disciplina y apertura. Ese es el punto que siempre estamos tratando de encontrar como coaches. Y, a partir de ahí, encontrar y trabajar con el punto de equilibrio de nuestro cliente. Cuando haces eso, te das cuenta de que estos seis pasos nunca son previsibles ni aburridos. En cualquier paso, siempre hay otro misterio. Siempre hay algo más que puedes seguir descubriendo. ¿No es asombroso?

Para aquellos de nosotros que moriremos, ¿no sería lindo esperar ese momento (tan, tan lejano dentro de muchos, muchos años en el futuro), cuando estés en ese umbral y puedas mirar a la persona que tienes al lado y decir: "¡Ha sido increíble!" y seguidamente volver al campo cuántico? Y si eres como nuestro exgobernador de California, tus últimas palabras podrían ser: "Volveré".

Nosotros volveremos en nuestros futuros volúmenes de Coaching Generativo.

Epílogo

Esperamos que hayas disfrutado con esta introducción al Coaching Generativo. Hay mucho más que aprender y explorar sobre este tema, y ya estamos trabajando en futuros volúmenes. Si estás interesado en un aprendizaje más profundo sobre los principios y aplicaciones del Coaching Generativo, puedes considerar hacer uno de nuestros cursos de Certificación de Coaching Generativo de 15 días.

Gran parte del texto de este libro, de hecho, se tomó de las transcripciones del primer módulo de los programas de Certificación de Coaching Generativo realizados en Londres, San Petersburgo y Colonia. La certificación en Coaching Generativo te califica para ser miembro profesional de la Asociación Internacional para el Cambio Generativo (IAGC) como "Practitioner del Cambio Generativo en Coaching Generativo".

La Asociación Internacional para el Cambio Generativo

Fundamos la Asociación Internacional para el Cambio Generativo en 2013 como un medio para construir una comunidad global de personas apasionadas por explorar, practicar y desarrollar aplicaciones de Cambio Generativo. IAGC es una asociación internacional que apoya a los profesionales del Cambio Generativo, las organizaciones de formación y los programas de certificación en todo el mundo, proporcionando estándares internacionales, un código ético y una plataforma para el intercambio. La visión sobre la que se funda la IAGC es un mundo donde las personas de todo el planeta estén empoderadas y sean conscientes para poder enfrentar creativamente los desafíos de nuestro tiempo viviendo los principios del Cambio Generativo.

La IAGC ofrece afiliación profesional, afiliación asociada y otros recursos que promueven el Cambio Generativo en contextos personales, profesionales y organizacionales. El sitio web de la IAGC sirve de centro virtual para reunir a personas de todo el mundo que quieren conocer, intercambiar, colaborar y desarrollar nuevas aplicaciones del trabajo de Cambio Generativo. La IAGC también patrocina una conferencia internacional anual que incluye clases magistrales, grupos de expertos, conversaciones generativas y oportunidades de crear redes centradas en temas relacionados con la aplicación del Cambio Generativo en diferentes áreas.

Un objetivo clave de la IAGC es llevar los principios del Cambio Generativo a múltiples profesiones. Como señalamos en el Capítulo 2, hay tres áreas principales de aplicación del trabajo de Cambio Generativo: (1) Coaching Generativo, (2) Trance Generativo y (3) Cambio Generativo en el mundo de los negocios. La IAGC se estableció con el fin de ayudar a sus miembros a llevar nuevos mode-

los y métodos a diversas comunidades y profesiones. Su propósito es ayudar a crear un mundo donde los coaches, psicoterapeutas, líderes, maestros, entrenadores y emprendedores faciliten procesos y principios de Cambio Generativo en muchos contextos: cambio individual, cambio cultural y transcultural, y cambio sistémico en empresas y comunidades.

Para obtener más información sobre los programas de Certificación de Coaching Generativo, la Asociación Internacional para el Cambio Generativo y la afiliación profesional o asociada, visita: http://www.generative-change.com

Como hemos mencionado anteriormente, ambos tenemos también nuestras áreas separadas, pero relacionadas, de trabajo y desarrollo. Steve ha venido desarrollando un trabajo llamado "Mente creativa". Robert tiene varios proyectos que aplican la Programación neurolingüística y el modelado de factores de éxito.

Para obtener más información sobre las actividades individuales de Steve, puedes ir a:

http://www.stephengilligan.com

http://gilligan-creative.com/

Para obtener más información sobre las actividades individuales de Robert, puedes ir a:

http://www.robertdilts.com

http://www.diltsstrategygroup.com

Bibliografía

Libros

* Bateson, G. (1972), *Steps to an Ecology of Mind*, Nueva York: Ballantine Books.

* Bandler, R. y Grinder, J. (1975), *The Structure of Magic, Volume I*, Palo Alto, Science and Behavior Books.

* Bandler, R. y Grinder, J. (1976), *Patterns of the Hypnotic Techniques of Milton H. Erickson, M.D., Volume I*, Capitola, Meta Publications.

* Csíkszentmihályi, M. (1991), *Flow: The psychology of optimal experience*, Nueva York: Harper Perennial.

* Csíkszentmihályi, M. (1996), *Creativity: Flow and the Psychology of Discvery and Invention*. Nueva York: Harper Perennial.

* Dilts, R. (2003), *From Coach to Awakener*, Santa Cruz: Dilts Strategy Group.

* Dilts, R. (2015-2017), *Success Factor Modeling, Volumes I-III*, Santa Cruz: Dilts Strategy Group.

* Dilts, R., Delozier, J. & Bacon Dilts, D. (2010), PNL II: La generación siguiente, El Grano de Mostaza, Barcelona, 2016.

* Dilts, R. & McDonald, R. (1997), *Tools of the Spirit*, Santa Cruz: Dilts Strategy Group.

* Dilts, R. (1990), *Changing Belief Systems With NLP*, Santa Cruz: Dilts Strategy Group.

* Dilts, R. & DeLozier, J. (2000), *Encyclopedia of Systemic Neuro-Linguistic Programming and NLP New Coding*, Santa Cruz: NLP University Press.

* Erickson, M. H. (1980), *The Collected Papers of Milton H. Erickson*, Nueva York: Irvington Publishers Inc.

* Gendlen, E. (1978), *Focusing*, Nueva York: Bantam.

* Gilligan, S. (2012). *Generative Trance: The experience of creative flow*, Carmathen, Wales: Crown House Books.

* Gilligan, S. (1997). *The courage to love: Principles and Practices of Self Relations Psychotherapy*, Nueva York: Norton Professional Books.

* Gilligan, S. (1987). *Therapeutic Trances: The cooperation principle in Ericksonian hypnotherapy*, Nueva York: Brunner/Mazel.

* Gilligan, S., & Dilts, R. (2009), *The Hero's Journey: A Voyage of Self-Discovery*, Carmathen, Wales: Crown House Books.

* Goswami, A. (1993). *The Self-Aware Universe: How Consciousness Creates the World*, Nueva York: Tarcher/ Putnam.

* Haley, J. (1973), *Uncommon Therapy: The Psychiatric Techniques of Milton H. Erickson, M.D.*, Nueva York: W. W. Norton & Co.

* Jung, C., G., (1961), *Collected Works of C. G. Jung*, Princeton, Princeton University Press.

* Koestler, A. (1964), *The Act of Creation: A study of the conscious and unconscious in science and art*, Nueva York: Macmillan.

* Levine, P. (2010). *In an unspoken voice: How the body releases trauma and restores goodness*, Berkeley, CA: North Atlantic Books.

*   McGilchrist, I. (2009). *The Master and His Emissary. The Divided Brain and the Making of the Western World*, New Haven: Yale University Press.

*   Moss, R. (2007), *The Mandala of Being: Discovering the Power of Awareness*, Novato: New World Library.

*   Osbon, D. (1991), *Reflections on the Art of Living; A Joseph Campbell Companion*, Nueva York: HarperCollins.

*   Sapolsky, R. (1988), *Why Zebras Don't Get Ulcers: An Updated Guide To Stress, Stress Related Diseases, and Coping*, Nueva York: W. H. Freeman.

*   Ware, B. (2011), *The Top Five Regrets of the Dying: A Life Transformed by the Dearly Departing*, Bloomington, Balboa Press.

*   Wilber, K. (2001), *A Brief History of Everything*, Boston: Shambhala.

*   Wilhelm, H., Jung, C, (1967), translated by Baynes, C., *I Ching, the Book of Changes*, Princeton, Princeton University Press.

Sobre los autores

Robert B. Dilts

Stephen Gilligan, PhD

Antonio Meza: Ilustrador

Robert B. Dilts

Robert ha sido desarrollador, autor, formador y consultor en el campo de la Programación neurolingüística (PNL) —un modelo del comportamiento humano, aprendizaje y comunicación— desde su creación en 1975 por John Grinder y Richard Bandler. También es co-desarrollador (con su hermano John Dilts) de Success Factor Modeling y del proceso de Cambio Generativo (con Stephen Gilligan). Fue estudiante y colega durante mucho tiempo de Grinder y Bandler, y también estudió con Milton Erickson y Gregory Bateson.

Además de encabezar las aplicaciones de la PNL en la educación, la creatividad, la salud y el liderazgo, sus contribuciones personales al campo de la PNL incluyen gran parte de las técnicas sobre estrategias y sistemas de creencias, y el desarrollo de lo que se ha dado a conocer como la PNL sistémica.

Es autor de más de 25 libros. Entre algunas de sus técnicas y modelos se incluyen: Reimpronta, la estrategia de Imagineering de Disney, la integración de creencias en conflicto, los patrones de prestidigitación bucal, la estrategia de ortografía, la técnica para tratar alergias, los niveles neuro-lógicos, el ciclo de cambio de creencias, el círculo de éxito de SFM y los seis pasos del Coaching Generativo (con Stephen Gilligan).

Es cofundador de Dilts Strategy Group y también de NLP University International, el Instituto de Estudios Avanzados de Salud (IASH) y la Asociación Internacional para el Cambio Generativo (IAGC). Robert tiene un título en Tecnología del Comportamiento de la Universidad de California en Santa Cruz.

Stephen Gilligan, PhD

Un influyente psicólogo estadounidense especializado en el cambio creativo. Stephen ha estado escribiendo, practicando terapia y coaching, e impartiendo clases por todo el mundo durante más de 40 años. Está considerado uno de los grandes hipnoterapeutas y su trabajo se ha expandido mucho más allá del enfoque ericksoniano...

Stephen fue uno de los primeros estudiantes de PNL en la Universidad de California en Santa Cruz. Tuvo como mentores a Milton Erickson y Gregory Bateson. Después de recibir el doctorado en Psicología de la Universidad de Stanford, se convirtió en uno de los principales profesores y practicantes de hipnoterapia ericksoniana. Este trabajo se desarrolló en sus enfoques originales de *Self-Relations* y *Self-Generative,* y más adelante (en colaboración con Robert Dilts), en el Coaching Generativo. Todas estas tradiciones han quedado integradas en el presente trabajo sobre el cambio generativo, que incluye las aplicaciones del Coaching Generativo, la Psicoterapia Generativa, el Trance Generativo, el Viaje del Héroe y el Trabajo de Cambio Sistémico.

Stephen ha publicado numerosos libros entre los que se incluyen *El viaje del héroe: un camino de autodescubrimiento* (coautor con Robert Dilts), el clásico *Therapeutic Trances, La valentía de amar, The Legacy of Erickson, Walking in Two Worlds* (con D. Simon) y *Trance Generativo: experimenta y desarrolla tu flujo creativo.* Sus próximos libros son la serie de Coaching Generativo (en coautoría con Robert Dilts).

Antonio Meza es un arquitecto de la visión que apoya a emprendedores y líderes de todo el mundo para que comuniquen ideas complejas de forma sencilla y divertida a través de ilustraciones, dibujos animados o mediante la estructuración de presentaciones, libros o sitios web.

Antonio, originario de Pachuca, México, es Master Practitioner y Trainer en Programación Neurolingüística (PNL). Asimismo es licenciado en Ciencias de la Comunicación por la Fundación Universidad de las Américas de Puebla, magíster en Estudios Cinematográficos de la Université de Paris 3–Sorbonne Nouvelle, diplomado en Escritura de Guiones Cinematográficos por la Sociedad General de Escritores de México (SOGEM), y diplomado en Documentales en la École Nationale des Métiers de l'Image et du Son (La Fémis), Francia. También está certificado en los tres niveles del sistema SFM.

Trabajó en México como realizador audiovisual independiente y participó en proyectos de dibujos animados antes de mudarse a Francia, donde trabaja como consultor, coach y formador especializado en contar historias, en pensamiento creativo y en inteligencia colectiva.

Antonio también es un orador experimentado, miembro de Toastmasters International. En 2015, fue galardonado como mejor orador en el Concurso Internacional de Oratoria del Distrito 59, que abarca el suroeste de Europa, y alcanzó las semifinales a nivel internacional.

Ha ilustrado 15 libros, incluyendo los 3 volúmenes de la serie *Success Factor Modeling* con Robert Dilts, y ahora la serie *Coaching Generativo* con Robert Dilts y Stephen Gilligan.

También emplea sus habilidades como ilustrador y formador para colaborar en seminarios, conferencias y sesiones de tormentas de ideas como facilitador gráfico, y para producir videos animados que explican información compleja de una manera clara y divertida. Vive en París con su esposa Susanne, su hija Luz Carmen y sus gatos Ronja y Atreju.

Para más información visita:

www.antoons.net

www.linkedin.com/in/antoniomeza/

Contacto Antonio: hola@antoons.net